국경 너머
블루오션
북방을
만나다

나와 세계 1

"북방정책은 가치를 넘어 생존의 문제요,
북방으로 향한 길은 선택이 아니라 필수입니다"

박종수 지음

국경 너머 블루오션 북방을 만나다

하나누리 동북아연구원 기획

생각비행

북방으로 내는 창,
북방으로 펼치는 꿈

여의도 4분의 1밖에 안 되는 쪽섬 적금도! 그곳에서 자란 소년은 그 섬이 우주였습니다. 그러나 알에서 깨어난 새는 더 큰 우주를 향해 비상합니다. 섬에서 육지로, 육지에서 서울로, 서울에서 세계로 비행합니다. 축구 경기에서 운동장을 넓게 쓸수록 골을 넣을 확률이 높습니다. 북방 나라는 한반도의 경계를 넘어 마음껏 꿈을 펼칠 수 있는 블루오션입니다.

섬 소년은 암울했던 냉전기에 10년을 내다보며 북방외교의 꿈을 키웠습니다. 정확히 10년 뒤 한국과 러시아가 수교하면서 북방의 창이 열렸습니다. 그것은 우연의 옷을 입고 나타난 필연이었습니다. 2035년은 광복·분단 90주년입니다. 역사의 변곡점에서 또 한 번의 10년을 설계합니다. 분단의 고통을 극복하고 민족의 도약을 보장할 기회입니다. 그래서 북방정책은 가치를 넘어 생존의 문제요, 북방으로 향한 길은 선택이 아니라 필수입니다.

2030세대가 북한 땅을 지나 광활한 시베리아 대륙을 거쳐 유럽으로, 북극으로 향하는 꿈을 꿉니다. 꽃 한 송이 한 송이가 모여 꽃밭을 이루듯이, 함께 꾸는 꿈은 한민족의 거대한 비전을 이룹니다. 그리고 2045년은 통일 원년이 되길 소망합니다. 그때까지 꿈이 실현되지 않는다고 포기해서는 안 됩니다. 지구온난화로 명태와 사과가 북상하는 것은 필연입니다. 그 뒤를 따라 어부와 농부가 이동하는 것은 당연입니다. 북방으로 향하는 발걸음은 누구도 멈출 수 없는 한민족의 대장정입니다.

꿈은 '무엇이 되는 것'보다 '무엇을 하는 것'이 더 위대합니다. 꿈은 '주어지는 것'이 아니라 '만들어 가는 것'입니다. 꿈은 '즐기는 자'의 몫입니다. '즐기는 자'는 '재능 있는 자'를 이깁니다. 꿈은 시공을 초월합니다. 한반도에서 북극까지, 산 자와 죽은 자의 경계를 자유롭게 넘나듭니다. 어느 철학자의 말처럼 꿈은 죽어서도 지속됩니다. 태양 주위를 맴도는 위성처럼, 우주가 사라지는 그 순간까지 때로는 문자로 때로는 소리로 꿈의 대화는 이어집니다. 응원봉을 들고 춤과 노래를 즐기듯 시위하는 2030세대의 꿈축제는 계속됩니다.

산업화와 민주화의 주역은 기성세대이지만, 세계화의 주인공은 2030세대입니다. '후진국에서 태어난 베이비 붐 세대'는 집단이 우선이었다면, '선진국에서 태어난 2030세대'는 개인이 우선입니다. 개인주의는 이기주의와는 달리, 자신의 삶을 즐기면서도 공동체에 기여하는 여유와 낭만이 있습니다.

우리나라는 해륙국이고, 분단국이며, 통상국입니다. 2045년 광복·분단 100주년에는 평화와 통일의 나라로 세계 속에 우뚝 설 수 있기를 꿈꿉니다. 분단 비용은 무한대이지만, 통일 비용은 유한대입니다. 남북한이 주도하고 주변국이 협력할 때 얻게 될 엄청난 미래 가치가 기다리고 있습니다. 그 주인공들이 2030세대임은 말할 나위가 없습니다. 그분들을 위해 이 작은 씨앗을 뿌립니다.

박종수

차례

북방외교의
기수를 꿈꾸다

"오늘은 제 남편이 약속을 지킨 날입니다. 저를 처음 만난 자리에서 '북방외교의 기수'가 되겠다고 말하더군요. 저는 그 한마디에 평생의 반려자가 됐습니다." 2021년 9월 6일은 제가 문재인 정부의 신북방정책을 총괄하는 대통령 직속 북방경제협력위원회 위원장(부총리급)에 위촉되는 날이었습니다. 청와대 수석들이 배석한 차담회에서 대통령이 제 아내에게 소감 한마디를 당부했습니다. 아내는 첫마디를 그렇게 시작했습니다.

1981년 '철의 장막'을 사이에 두고 미국과 소련이 대치하던 냉전

북방경제협력위원회北方經濟協力委員會
한국 정부가 북방 14개국(러시아, 몰도바, 몽골, 벨라루스, 아르메니아, 아제르바이잔, 우즈베키스탄, 우크라이나, 조지아, 중국 동북3성, 카자흐스탄, 키르기스스탄, 타지키스탄, 투르크메니스탄)과의 경제협력을 강화하기 위해 대통령 직속으로 설치한 조직. 문재인 정부 출범 후 추진된 신북방정책을 총괄한 사령탑으로서 북방 지역과의 교역, 투자, 에너지 협력 등을 목적으로 한다.

철의 장막 Iron Curtain
1945년의 제2차 세계대전 이후 1991년에 냉전이 종식될 때까지 서방 진영과 공산 진영을 상징적·사상적·물리적으로 나눈 경계. 바르샤바 조약을 통해 소비에트 연방을 중심으로 하는 측과 북대서양 조약을 통해 미국과 연합국을 중심으로 하는 측으로 나뉘었다.

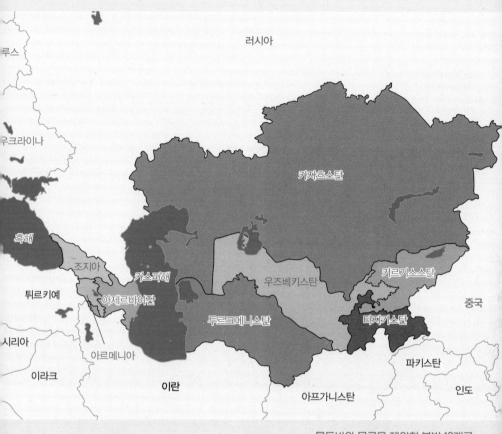

러시아

루스

우크라이나

흑해

조지아

카자흐스탄

카스피해

튀르키예

아제르바이잔

키르기스스탄

우즈베키스탄

시리아

아르메니아

투르크메니스탄

타지키스탄

중국

이라크

이란

아프가니스탄

파키스탄

인도

몰도바와 몽골을 제외한 북방 12개국

아이슬란드

스웨덴

핀란드

노르웨이

소련

네덜란드

벨기에

아일랜드

영국

동독

폴란드

서독

체코슬로바키아

프랑스

스위스

오스트리아

헝가리

루마니아

유고슬라비아

볼리비아

포르투갈

에스파냐

이탈리아

그리스

튀르키예

제2차 세계대전이 끝난 뒤 총선에서 패배한 영국 전 총리 윈스턴 처칠은 1946년 야당 당수로서 미국을 방문해 3월 5일 역사적인 연설을 남겼다. "발트해의 슈테틴(Stettin)에서 아드리아해의 트리에스테(Trieste)까지 유럽 대륙을 가로지르며 철의 장막이 내려졌습니다."라는 내용을 담은 연설을 통해 처칠은 소련의 팽창을 경고하며 미국과 영국 등 서방 자유민주주의 국가들의 단결을 강조했다. 정치 용어로서 '철의 장막'은 1814년에 바이올렛 파제트가 신문 기사에서 처음으로 언급했다.

시절이었습니다. 남한과 북한도 마찬가지였습니다. 군 복무를 마치고 대학으로 돌아온 복학생으로서 진로 문제를 고민하지 않을 수 없었습니다. 정치학도의 화두는 당연히 통일 문제였습니다. 해방의 은인이자 분단의 원흉인 미국과 소련이 결자해지의 입장에서 남북한 통일에 앞장서야 한다고 생각했습니다. 그리고 사회주의 종주국인 러시아(당시 소련)를 잡아야 한다는 신념으로 '북방외교의 기수'가 되겠다고 다짐했습니다. 10년 후 한러 수교가 이루어지는 벅찬 감동의 순간을 경험했습니다. 그러나 그 열기가 식기도 전에 소련이 해체되는 현장을 러시아에서 유학하면서 목격했습니다. 세기적 소용돌이 속에서 외교 일선과 아카데미를 분주히 누비면서도 '통일'이라는 화두를 잠시도 잊지 않았습니다. 러시아처럼 북한 정권이 무너지면 통일의 기회가 오리라는 기대감 때문이었습니다. 2000년 6월 평양에서 김대중 대통령과 김정일 위원장이 두 손을 잡고 〈우리의 소원은 통일〉을 합창할 때 통일이 다 된 것 같은 착각에 빠졌습니다. 2018년 10월 문재인 대통령과 김정은 위원장이 백두산 천지에서 두 손을 치켜들 때도 이젠 통일이 되려나 보다 싶어 가슴 벅찼습니다. 그렇게 35여 년이 흘렀습니다.

윤석열 정부가 출범하면서 북방정책을 총괄했던 북방경제협력위원회는 역사의 뒤안길로 사라지고 말았습니다. 김정은 위원장은 남한을 제1 주적으로 공언하고 남북한을 연결하는 경의선과 경원선을 폭파해 버렸습니다. 또다시 기나긴 겨울잠에 들어간 남북 관계입니다. 게다가 러시아-우크라이나 전쟁 이후 한국과 러시아는 비우호국 관계가 되었습니다. 그래도 북방을 향한 집념과 도전은 멈출 수 없습니다. 북방정책은 가치를 넘어 생존의 문제요, 북방으로 향한 길은 선택이 아니라 필수이기 때문입니다.

어린 시절 '너는 꿈이 뭐냐?', '커서 뭐가 되고 싶으냐?'라는 질문을 자주 받았습니다. 파도치면 뒤덮일 듯한 외딴 섬에서 나고 자란 소년에게는 섬이 바로 우주였습니다. 유일한 꿈은 한 번쯤 육지로 나가서 더 큰 세상을 보는 것이었습니다. 중학교에 진학하면서 그 꿈이 이루어졌습니다. 그리고 대학을 다니면서 분단국의 비애를 알게 됐습니다. 꿈은 풍선처럼 부풀어 올라 통일을 위해 '북방외교의 기수'가 되고 싶었습니다. 러시아에서 유학을 마치고 외교 활동을 하면서 가슴속에는 언제나 그 꿈을 고이 간직했습니다. 북방경제협력위원장으로서 대한민국의 북방정책을 총괄하는 수장이 된 것만으로도 큰 성취감을 느꼈습니다. 그래서 코로나19 팬데믹이 극에 달한 상황에서도 러시아 극동에서 카스피해의 아제르바이잔에 이르는 북방 14개국을 분주히 누볐습니다. 그렇게 이룩한 성과

경의선京義線
서울과 개성을 연결하는 철도. 과거에는 서울에서 신의주까지 이어졌으나 남북 분단 이후 남한 구간만 운영되다가 남북 협력의 일환으로 북쪽 구간이 일부 복원되었다. 그러나 북한 김정은 위원장이 남한을 주적으로 천명한 후 2024년 10월 15일 북쪽 경의선 일부 철도 구간을 폭파해 버렸다.

경원선京元線
1914년 8월 개통된 서울-북한 원산을 연결하는 철도 노선. 한국의 수도권에서 러시아 시베리아 횡단철도(TSR)를 잇는 최단거리 노선이다. 남북 분단으로 현재는 남한 구간(서울-강원도 철원 백마고지역)만 운영되고 있다.

가 정권이 바뀌면서 물거품이 된 것 같아 가슴 아팠습니다. 하지만 '무엇이 되는 것'이 전부가 아니라고 생각했습니다. 러시아의 사상가인 체르니솁스키가 묻고 혁명가인 레닌이 실천한 '무엇을 할 것인가?' Что делать를 고민해 봅니다. '무엇이 되는 것'은 수단일 뿐이며, '무엇을 하는 것'이 목적이어야 합니다. 수단이 목적을 대체할 수는 없으니까요. 오늘도 목표를 향한 여정을 멈출 수 없습니다.

니콜라이 체르니솁스키Николай Чернышевский
19세기 러시아 작가이자 철학자. 대표작인 《무엇을 할 것인가?》는 러시아혁명 사상에 큰 영향을 끼쳤으며 레닌에게 영감을 준 작품으로 알려져 있다.

블라디미르 레닌Владимир Ленин
러시아혁명 지도자. 1917년 볼셰비키 혁명을 성공으로 이끌어 소련(소비에트 사회주의 공화국 연방)을 출범시켰다. 세계 공산주의 운동의 상징적인 인물로 평가받는다.

"

한 아이가 태어나 성인이 될 때까지
가족과 사회와 나라는 그를 위해 어떤 역할을
할 것인가를 진지하게 고민해야 합니다.

1

"
나와
내 나라의
관계
"

나를 둘러싼 세계

"낭만 있게 끝내겠습니다!" 배드민턴 안세영 선수가 파리올림픽 결승전을 앞두고 던진 각오였습니다. 안세영 선수는 자신의 다짐대로 낭만적으로 금메달을 거머쥐었습니다. 2024년 8월 일본 고교야구 대회에서 최초로 우승한 한국계 교토국제고 야구팀도 마찬가지였습니다. 숨은 공신인 박경수 전 교장은 '아이들이 경기를 온전히 즐겼다'라고 평가했습니다. 지난 12.3 계엄을 무산시키고 12.14 대통령을 탄핵한 주역도 2030세대였습니다. 2030세대는 화염병 대신에 아이돌 응원봉을 들고 시위를 즐겼습니다. 그들은 디지털 시대에 최적화된 시민으로서 축제형 시위 문화라는 뉴노멀을 만들었습니다. 평화와 창의성이라는 새로운 민주주의 표준을 제시하는 K-시위 문화로 전 세계를 놀라게 했습니다.

천재는 노력하는 자를 이길 수 없고, 노력하는 자는 즐기는 자를 이길 수 없습니다. 안세영뿐만 아니라 대통령 탄핵의 주역이 된 2030세대에게 정확히 들어맞는 표현입니다. 일제에 항거한 항일

세계배드민턴연맹(BWF) 여자 단식 랭킹 1위 안세영이 2024년 파리올림픽에서 금메달을 목에 걸었다. 1996년 방수현 이후 역대 두 번째이자 28년 만의 경사였다.

세대나 군사독재에 항거한 민주 세대의 결연한 자세와는 사뭇 다릅니다. 2030세대는 베이비 붐BB 세대와 달리 부모가 '하나만 낳아 잘기른' 자녀들입니다. 눈칫밥을 먹지 않고 자라서 주눅 들지 않습니다. 자신을 먼저 생각하고 자신의 생각을 옳다고 여깁니다. 그래서당당합니다. 국어·영어·수학을 잘해서 명문대에 가라는 부모 세대와 자주 충돌하기도 합니다. 하지만 2030세대는 자기 삶을 즐기면서도 사회와 국가에 낭만적으로 기여합니다. 얼마나 향기롭습니까?

산업화와 민주화의 주역은 기성세대지만, 세계화의 주인공은 2030세대입니다. K-컬처라는 소프트 파워로 우리나라를 선진국 반열에 올려놓았습니다. 지구촌 청소년들이 방탄소년단BTS의 노래와 춤과 외모, 그리고 따뜻한 가슴에 열광합니다. 한글을 창제한 분은 세종대왕이지만, 한글을 최단기간에 전 세계로 보급한 주인공은 BTS입니다. 그렇지만 경제협력개발기구OECD 회원국 중에 자살률이 1위이고, 청소년의 사망원인 1위도 자살입니다. 대물림되는 집안 자원에 좌우되는 청소년들의 '능력 격차'가 좌절의 원인일 수 있습니다.[1]

화제의 드라마 〈이상한 변호사 우영우〉에 나오는 방구뽕(구교환 분)은 자칭 '어린이 해방군 총사령관'입니다. 그는 학교와 학원 공부 때문에 놀지 못하는 어린이들을 데리고 놀다가 미성년자 약취 및 유인 혐의로 기소됩니다. 방청석에 있던 어린이들은 "어린이는 지금 당장 놀아야 합니다. 나중엔 늦습니다."라는 방구뽕 총사령관의 최후진술에 환호합니다. 이 장면에서 청소년을 바라보는 두 가지 입장이 충돌합니다. 교육과 보호의 대상으로 보는 전통적인 입장과 자유로운 권리의 주체로 보는 진보적인 입장입니다. 협회 운영과 관련해 자기 입장을 거침없이 개진한 안세영 선수가 방구뽕과 오버랩됩니다. '가는 세대'는 '오는 세대'에게 양보하는 것이 순리 아닐까요? 한 아이가 태어나 성인이 될 때까지 가족과 사회와 나라는 그를 위해 어떤 역할을 할 것인가를 진지하게 고민해야 합니다.

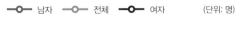

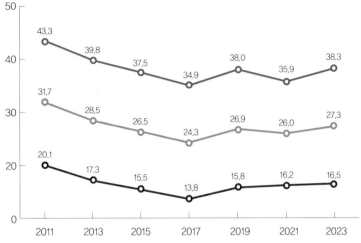

※ 10만 명당, 2023년 기준 | 자료: 통계청

한국의 자살률

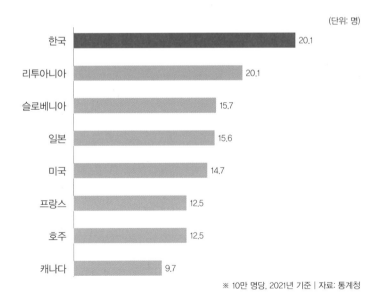

※ 10만 명당, 2021년 기준 | 자료: 통계청

OECD 국가의 자살률

나와 가족

우리나라의 가족 제도는 유교적 가치관에 기반을 두었습니다. 부계 혈통을 중심으로 부모와 자식, 형제자매 사이의 관계를 중시합니다. 이러한 대가족 제도는 산업화와 도시화의 영향으로 급속히 핵가족화됐습니다. 핵가족조차도 1인 가구, 한부모 가구, 재혼 가구, 다문화 가구처럼 여러 형태로 분류됩니다. 1인 가구 비율이 이미 40퍼센트를 넘었습니다. 이러한 가족 제도의 변화는 결혼율과 출산율 감소와도 함수 관계가 있습니다. 출산율은 OECD 회원국 중에 가장 낮습니다. 한국의 출산율 저하가 '너무나 극단적인 결과'라는 지적이 있습니다.[2] 우리나라의 20~49세 남녀 42.6퍼센트가 출산할 의향이 없다는 설문 결과도 나왔습니다.[3]

출산율 감소 원인은 여러 가지입니다. 경제적 어려움으로 출산을 연기하거나 포기합니다. 결혼과 출산을 동일시하지 않는 가치관의 변화도 출산을 기피하는 원인입니다. OECD 회원국 중에 이혼율과 자살률도 가장 높습니다. 이혼 원인은 저출산과 경제적 어

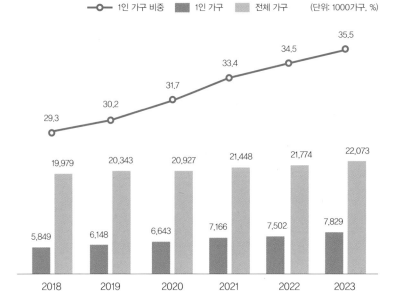

자료: 통계청

1인가구 추이

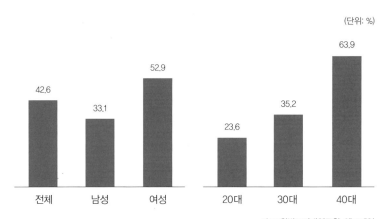

자료: 한반도미래연구원, 엠브레인

비출산 의향

러움으로 인한 부부 사이의 갈등이며 가치관에 따른 이혼에 대한 인식 변화입니다. 한국이 '세상에서 가장 우울한 나라'라는 불명예스러운 딱지를 결코 믿고 싶어 하지 않습니다. 하지만 여러 통계는 우리 사회의 가정이 급속히 무너지고 있다는 사실을 여실히 보여줍니다.

지난 2024년 7월 대법원이 동성 배우자도 사실혼 관계의 이성 배우자와 마찬가지로 건강보험 직장가입자의 피부양자 자격이 있다고 판결했습니다. 이에 대해 개신교와 인권 단체의 입장이 엇갈립니다. 한국기독교총연합회는 "혼인과 가족 제도는 일부일처제의 남녀 결합을 전제로 하고 있다. 대법원은 헌법에도 없고 국회에서 국민적 합의도 거치지 않은 동성혼을 선제적으로 인정한다."라고 비판했습니다. 한국교회연합은 서울 도심에서 대규모 집회를 열고 동성혼과 차별금지법 제정에 반대했습니다. 반면 인권위원회는 "성적 지향이나 성별 정체성을 이유로 성 소수자에 대한 불합리한 차별이 없어야 한다."라는 반응을 보였습니다.

영국의 역사학자 토인비 교수는 죽을 때 하나 가져가고 싶은 것이 있다면 서슴지 않고 한국의 가족 제도라고 극찬했습니다. 충청대학교 일본인 교수인 도쿠나가 히로아키는 한국의 전통 가족 제도를 '인류의 마지막 희망'이라고 설파했습니다. 그는 일본과 한국의 가족 제도를 초밥과 비빔밥의 식문화에 비유했습니다. 일본은 각자가 따로따로 고유의 맛을 내지만, 한국은 한 그릇 속에서 여러 재료가 융합해 맛을 낸다고 설명했습니다. 비빔밥의 오묘한 맛은 곧 전통 가정에서 융합을 통해 빚어내는 걸작품이라는 의미입니다. 비빔밥의 인기는 전 세계적으로 확산하는데 비빔밥 가족 문화는 소멸하고 있습니다. 안타깝고 서글픈 현실입니다.

나와 사회

요즈음 동창회나 동문회를 조직하기가 힘들다고 푸념합니다. 참여자가 많지 않다는 것이 가장 큰 이유입니다. 직장에서 회식할 때도 마찬가지입니다. 선배 직원들이 후배 직원들의 눈치를 살핍니다. 대가족 울타리 안에 갇혀 있던 베이비 붐 세대는 먹는 것조차도 치열한 경쟁 대상이었습니다. 집단의식은 유교적 풍토 속에서 지극히 당연한 것이었습니다. 특히 해방 후 개발독재하에서 일사불란한 군대식 행정 문화에 길들어져 있었습니다. 그러나 먹고사는 것이 풍족해지면서 결핍에서 오는 스트레스가 상대적으로 줄었습니다. 게다가 정부의 산아제한 정책으로 자녀 한두 명으로 구성된 핵가족이 일반화했습니다. 공동체 의식이 희박해지고 개인주의 성향이 강해질 수밖에 없는 환경입니다. 최근 신입 직원들의 1년 내 이직률이 매우 높다는 통계가 나왔습니다. 치열한 경쟁률을 뚫고 입

개발독재開發獨裁
경제 성장을 위해 정부가 강력한 권위를 행사하며 경제 정책을 주도하는 통치 형태. 한국, 대만, 싱가포르 등지에서 20세기 중후반에 나타났으며, 박정희 정부 시절의 한국이 대표적 사례다.

※ 2024년 3월 6~16일 직장인 981명 대상 설문

(단위: %)

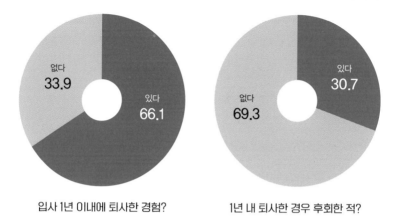

없다
33.9

있다
66.1

없다
69.3

있다
30.7

입사 1년 이내에 퇴사한 경험?

1년 내 퇴사한 경우 후회한 적?

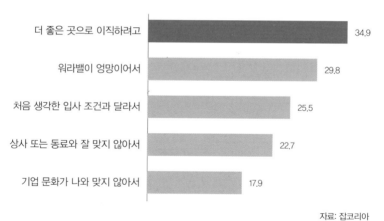

더 좋은 곳으로 이직하려고	34.9
워라밸이 엉망이어서	29.8
처음 생각한 입사 조건과 달라서	25.5
상사 또는 동료와 잘 맞지 않아서	22.7
기업 문화가 나와 맞지 않아서	17.9

자료: 잡코리아

1년 내 퇴사한 이유(복수 응답)

사했어도 자신의 직장관에 맞지 않으면 미련 없이 사표를 던지는 2030세대입니다. 부모 세대는 상상도 할 수 없었습니다. 그렇다고 2030세대가 끈기가 없어서 그렇다는 식으로 매도해서는 안 됩니다.[4]

2030세대는 무엇보다도 시간적 자유를 선호합니다. 최소한의 연봉으로 자기계발에 투자하기를 원합니다. 술 회식만 없어도 살겠다는 세대입니다. 퇴근 이후에는 카톡으로도 직장 이야기를 하고 싶어 하지 않는 세대입니다. 개인의 비전이 회사의 비전보다 앞서는 세대입니다. 조직 내부의 불공정을 참지 못하는 세대입니다. 반면 베이비 붐 세대는 하기 싫은 일도 해야 성공한다고 믿은 세대입니다. '라떼는 말이야' 식의 586세대는 불합리함을 알면서도 수직 문화에 적응하기 바빴던 세대입니다. X 세대는 젊을 때 개방적인 신세대였지만, 지금은 낀 세대가 되어 가장 힘든 세대로 인식되고 있습니다.

파리올림픽에서 금메달을 딴 안세영 선수는 귀국 후 배드민턴협회와 대표팀을 향해 작심 발언을 쏟아 냈습니다. 불합리하지만 관습적으로 해 오던 것들을 유연하게 바꿔야 한다는 바람을 진솔하게 말했습니다. 기성세대와 달리 당당하게 입장을 밝힌 안 선수에게 박수갈채를 보냅니다. '후진국형 나라에서 태어난 BB 세대'가 국가·직장·가족 같은 집단이 우선이었다면, '선진국형 나라에서 태어난 2030세대는 개인이 우선임을 이해할 수 있어야 합니다. 집단주의는 공동 목표에 도취되어 참여자의 개성을 무시하기 쉽습니다. 그러나 개인주의는 경기를 즐기면서도 공동체에 기여하는 성취를 이룹니다.

지난 12.3 계엄 사태 때 다수의 2030세대가 응원봉을 들고 여의도 대로에 나섰습니다. 세월호 참사나 이태원 비극이 더는 반복돼서는 안 된다는 이유 때문이었습니다. 이처럼 시대 상황에 맞게 적응하는 이들이 아리스토텔레스가 정의한 '사회적 동물'에 가까운 모습이 아닐까 싶습니다.

영국 작가 대니얼 디포 역시 소설 《로빈슨 크루소》에서 인간이 사회적 동물이라는 사실을 천명했습니다. 주인공 크루소는 바다에서 조난당해 혼자 살아남아 무인도에 머물게 됩니다. 그는 이제까지 경험하지 못한 '외로움'에 몸부림쳤습니다. 섬에 온 지 24년째 되는 어느 날, 식인종들에게 잡아먹힐 뻔한 다른 부족 사람인 프라이데이Friday를 구해 줍니다. 그리고 그를 하인으로 삼아 말과 문화를 가르치며 함께 살게 되지요.

1인 가구가 급속히 늘면서 고독생·고독사와 같은 사회적 문제도 늘어나고 있습니다. 고독생이 늘면서 고독사의 수치도 덩달아 늘어납니다. 실제 고령층이 느끼는 사회적 고립도는 전 연령층 중에

대니얼 디포 Daniel Defoe

1660년 영국 런던에서 태어난 작가로 《로빈슨 크루소》를 썼다. 이 책은 영어로 발표된 최초의 근대소설로 꼽힌다. 목사가 되려던 꿈을 접고 상인, 저널리스트, 작가로 활발하게 활동했다.

2024년 12월 14일, 여의도 국회 앞에서 윤석열 대통령 탄핵소추안이 가결된 후 축하하는 시민들
2030세대는 다양한 응원봉을 들고 탄핵 시위에 참여했다.

서 가장 높은 것으로 나타났습니다.[5] 우리 국민의 절반이 장기적인 울분 상태에 놓였다는 연구 결과가 나왔습니다. 열 명 중 한 명은 답답하고 분한 상태가 '심각한 수준'이며, 특히 30대가 높은 수준의 울분을 겪는다고 합니다. 울분을 일으키는 5가지 요인은 정치·정당의 부도덕과 부패, 정부의 비리나 잘못에 대한 은폐, 언론의 침묵·왜곡·편파 보도, 안전관리 부실로 초래된 참사 및 납세의무 위반 등입니다. 인간은 사회적 동물입니다. 사회로부터 혜택도 받지만 스트레스도 받습니다.[6] 그래도 크루소는 혼자 외롭게 사는 것보다 프라이데이와 부대끼며 사는 것이 더 행복하다고 느끼지 않았을까요?

나와 나라

적금도! 여수시 남단에 자리한 여의도 면적(2.9km²) 4분의 1 정도의 작은 섬입니다. 파도치면 뒤덮일 듯한 해발 77미터의 구릉 같은 납작한 섬으로, 두 시간 남짓이면 한 바퀴 둘러볼 수 있을 정도로 작습니다. 그렇지만 거기서 나고 자란 소년에게는 생활 공간의 전부였고 그곳이 바로 우주였습니다. 아니, 그 정도의 공간으로도 살아가는 데 불편함이 없었습니다.

중학교 때 비로소 섬 밖에 광활한 육지가 있다는 사실을 알게 됐습니다. 서울에서 대학을 다니면서 헌법을 공부하고 군사정권에 맞서 반정부 데모에 앞장서면서도 국가의 존재를 실감하지 못했습니다. 형사들이 유신정권 타도를 외치는 대학생들을 색출하는 데 혈안이 되어 있을 때여서 국가라는 존재는 부정적 이미지로 뇌리에 각인됐습니다. 그 연장선에서 시작된 군대 생활은 지겹도록 '충성'을 외치면서도 하루라도 빨리 벗어나고 싶었습니다.

그렇지만 1989년 국비 유학생으로 영국행 비행기를 타고 알래스

카를 거쳐 대서양을 넘어 런던 히드로 공항에 도착했을 때 비로소 국가의 존재를 실감했습니다. 대한민국 여권 없이는 한 발자국도 움직이지 못하는 곳이 외국 땅이었습니다. 의지할 대상은 국가뿐이었습니다. 외국에 나가면 애국심이 절로 생긴다는 이유를 그때서야 깨닫게 됐습니다.

동서고금을 막론하고 국가가 국민에게 어떤 대상인가에 대한 논란은 적지 않습니다. 시대의 부침에 따라 큰 정부냐, 작은 정부냐 하는 차이가 있을 뿐입니다. 평등을 우선시하는 사회주의 국가가 있고, 자유를 중시하는 민주주의 국가가 있습니다. 북유럽처럼 자유와 평등을 균형 있게 안배함으로써 복지 천국을 이룬 나라도 있습니다. 과거 절대왕정 같은 시기에는 '왕이 곧 국가'로 인식되던 때도 있었습니다. 하지만 국민에게 주권이 있는 공화국에서는 정부 위에 군림하는 어떤 다른 집단도 아직은 없습니다. 미국의 링컨 대통령도 "국민의, 국민에 의한, 국민을 위한" 정부여야 한다고 설파했습니다. 그렇지만 국민 위에 군림하려는 권력자가 세계 곳곳에 적지 않습니다.

이런 경우에 국가와 국민은 팽팽한 긴장 속에 공생하는 악어와 악어새의 관계일지 모릅니다. 악어가 이빨을 벌리고 있으면 악어새는 악어의 이빨에 낀 음식물을 없애 줍니다. 그런 식으로 악어는 치아 위생을 지키고 악어새는 양분을 섭취합니다. 한편 천적 관계일 수도 있습니다. 파리를 잡아먹는 개구리는 파리의 천적이고 개구리를 잡아먹는 뱀은 개구리의 천적입니다. 천적 관계와 먹이사슬은 만인에 의한 만인의 투쟁으로 비화할 수 있습니다. 국가에 대한 회의감과 기대감이 공존하는 이중성입니다. 이때 우리는 계약 관계를 통해 나의 자유를 보장받으면서 타인의 자유도 보장할 수 있습니다. 그것을 극대화한 결과물이 국가이고, 그것 때문에 이순신 장군이나 안중근 의사처럼 나라를 지킨 위인들이 존경을 받습니다.

국가와 기업 간 관계도 논란이 있습니다. 자본주의 사회에는 돈이 전부라는 인식이 만연합니다. 그렇다 보니 많은 이들에게 일자리를 제공하는 대기업과 그 기업의 수장CEO에 대한 예우 문제가 자주 거론됩니다. 기업가는 자신의 노력으로 부를 창출해서 사람들을 먹여 살리는데, 한 나라의 대통령이 과연 그런 정도의 능력을 발휘하고 있느냐, 오히려 국민의 혈세를 축내는 애물단지 그 이상도 그 이하도 아니지 않은가, 그런 정부라면 차라리 없으면 좋겠다는 비판도 제기됩니다.

2004년 9월, 당시 모스크바를 방문한 노무현 대통령의 크렘린 만찬 일정이 예정되어 있었습니다. 우리나라 기업인들도 참석 대상이었습니다. 행사 의전팀이 경호상의 이유로 대기업 회장들을 인근 호텔에서 봉고차에 태워 크렘린 행사장으로 안내했습니다. 그때 모 대기업의 지사장이 "우리 회장님을 승용차로 모시지 않고 버스에 태워 헌신짝 취급했다."라며 불만을 제기했다는 사실을 언론 보도로 접했습니다. 기업 입장에서는 응당 회장이 최고겠지요. 기업 회장을 한 사람씩 승용차에 태워 행사장으로 안내했다면 좋았겠지만, 행사를 진행하는 의전팀 입장에서는 고려해야 할 점이 많습니다. 국가는 국민이 잘살 수 있도록 일자리를 마련해 주는 기업인을 예우해야 합니다. 그렇다고 기업이 국가에 우선하고 기업의 수장이 국가의 원수 위에 군림할 수는 없는 일이지요.

국가가 과연 국민을 잘살게 도와주는 조력자이냐 아니면 방해하는 훼방꾼이냐 하는 의문은 그 뒤에도 이어졌습니다. 2018년 평창 동계올림픽 때 사상 최초로 여자 아이스하키 남북 단일팀을 구성할 당시 적지 않은 논란이 있었습니다. 특히 젊은 층 사이에서 올림픽에 출전할 기회를 국가의 이름으로 빼앗는 것이 온당하지 않다는 지적이 있었습니다. '기회는 평등하고 과정은 공정하며 결과는 정의로울 것'이라는 문재인 정부의 슬로건에도 반한다는 비판이 쏟아졌습니다.[7] 그렇지만 남북 단일팀 구성이 남북한 간 교류와 협력 증진에 기여하고 평화와 화합의 올림픽에 도움이 됐다는 평가

가 뒤따랐습니다. 올림픽 이후 남북 관계가 급속히 해빙되고 남북 정상회담과 북미정상회담이 연쇄적으로 열렸습니다. 분단 후 최초의 역사적 사건이었습니다.

국가와 개인은 다분히 계약적 관계라고 할 수 있습니다. 자연 상태에서는 사람들 간에 이해가 대립하거나 분쟁이 야기되면, 이를 조정하고 심판하는 공적 기구가 없기 때문에 강자의 논리를 따르기 쉽습니다. 이를 방지하기 위해 국민은 계약을 통해 자연권의 일부 혹은 전부를 국가에 이양함으로써 평화로운 공동 생활을 보장받게 되는 것입니다. 그렇기 때문에 국민이 4대 의무를 다하면 국가에 대해 자유권, 평등권, 참정권, 행복 추구권 등 다양한 권리를 요구할 수 있습니다.

또한 국가는 국민을 위해 경제적 보장책을 강구합니다. 자본주의의 경우에 독과점이나 환경오염, 공공재화 부족 등의 문제가 자주 발생합니다. 이를 막기 위해 정부는 여러 가지 정책을 사용해 개입합니다. 정부의 정책이 반드시 성공하는 것은 아니지만, 국민의 생명과 재산을 보호하기 위해 국가는 최선을 다해야 합니다. 최근 세계적으로 강조되는 정부의 역할은 복지입니다. 국민이 잠시 일할 수 없는 상황에 처하거나 정년이 되어 더 일할 수 없을 때, 정부는 실업급여나 국민연금 같은 각종 복지 정책을 시행합니다.

21세기로 접어들면서 국제 사회는 군사력 위주의 하드 파워에서 문화와 도덕 등이 중시되는 소프트 파워로 전환하는 추세입니다.

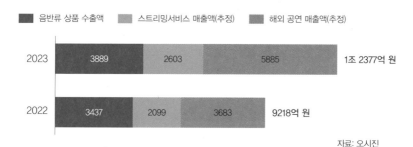

(단위: 억 원)

■ 음반류 상품 수출액　　■ 스트리밍서비스 매출액(추정)　　■ 해외 공연 매출액(추정)

| 2023 | 3889 | 2603 | 5885 | 1조 2377억 원 |
| 2022 | 3437 | 2099 | 3683 | 9218억 원 |

자료: 오시진

K팝 해외 매출액 동향

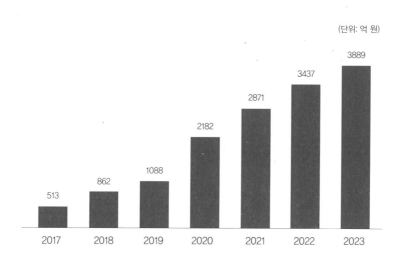

(단위: 억 원)

주: 1) US달러 기준으로 작성. 한국은행에서 발표한 연간 환율을 이용하여 원화 기준으로 환산함
　　2) 최대한 긴 기간 동안 나타난 시계열 변화를 제시하기 위해 2017년 자료를 포함하여 제시
자료: 오시진, 2024 KCTI 데이터 포커스 제1호 〈데이터로 살펴본 K팝 해외 매출액 동향〉, 한국문화관광연구원

음반류 상품 수출액 추이

2014년 4월 16일에 발생한 세월호 참사는 단순한 사고가 아니었다. 우리 사회의 여러 구조적 문제를 드러내고 이를 해결하기 위한 노력이 필요하다는 인식을 심어 준 사건이었다.

소프트 파워는 강제나 보상이 아니라 사람의 마음을 끄는 힘으로 자국의 이익을 배가하는 능력입니다. K-컬처가 지구촌 사회에서 힙한 트렌드로 인식되는 것은 K-팝이 주도하는 문화적 역량 덕분입니다. 방탄소년단의 소프트 파워 효과는 놀랍습니다. 한국 전통춤을 재구성해 우리 문화에 대한 공감대를 확산하고, 한국어 가사를 통해 우리말에 대한 친근감을 형성하며, 전쟁보다 평화가 중요하다는 인식을 저변에 확산했습니다. '헬조선'을 살아가는 2030세대가 이룬 쾌거입니다. 기성세대는 2030세대가 공동체 의식이나 국가관이 희박하고 개인주의 성향이 강하다고 지적합니다. 그렇지만 세월호나 이태원 참사에서 보았듯이, 국가가 국민의 생명과 안전을 지켜야 할 의무를 다했는지 자성해야 합니다.

"

인류 역사는 전쟁과 평화가
씨줄과 날줄처럼 공존해 왔습니다.

2

"
나와
내 나라의
주변
"

안보로 보는 세계

우리나라는 산 좋고 물 좋고 경치 좋은 금수강산입니다. 4계절이 뚜렷해 살기에 좋습니다. 인심도 좋습니다. 동쪽의 일본과 달리 지진 공포로부터 비교적 자유롭습니다. 북쪽의 러시아 같은 혹독한 추위도 없습니다. 우리 선조들이 나라의 터전을 잘 잡았다고 생각합니다. 그러나 역사적으로 무수한 외침을 당한 나라입니다. 35년간 일제의 압제로 고통받았습니다. 광복 이후에는 분단의 설움만으로 부족해 주변국의 눈치를 살펴야 하는 처지입니다. 지구촌 반대편에서 진행 중인 러시아-우크라이나 전쟁의 여파가 한반도까지 영향을 줍니다. 러시아와 직항로가 끊겨 글로벌 시대 이동의 자유에 제약이 따릅니다. 유럽행은 말할 나위도 없고 미국행 항공기도 러시아 영공을 통과할 수 없어 전쟁 이전보다 최소한 3~4시간이 더 걸립니다. 금전적, 시간적 기회비용과 육체적 불편함이 적지 않습니다.

러시아-우크라이나 전쟁은 이스라엘-하마스·헤즈볼라 전쟁에 이어 이스라엘-이란 전쟁으로 번졌습니다. 한반도에서도 한미일 대 북중러의 대결 구도가 형성돼 우리의 안보 불확실성을 가중하고 있습니다. 중국이 부상하고 러시아가 부활합니다. 일본이 재무장하고 미국은 물러갑니다. 북한은 사실상의 핵보유국입니다. 이러한 격변의 소용돌이 속에서 북한과 러시아는 결속을 강화하고 있습니다. 우크라이나처럼 강대국 사이에서 힘의 균형점 역할을 하던 중간국이 급격히 한편으로 이동하게 되면 다른 한편과는 적대적인 관계가 형성됩니다. 안보를 위한 선택이 오히려 극단적인 안보 불안을 조장할 수 있습니다.

인류 역사는 전쟁과 평화가 씨줄와 날줄처럼 공존해 왔습니다. 미국의 역사학자 윌 듀랜트의 지적처럼, 인류 역사 3421년 중에 전쟁이 없었던 해는 268년에 불과합니다. 미래학자 앨빈 토플러도

이스라엘-하마스·헤즈볼라 전쟁
이스라엘과 팔레스타인 무장단체 하마스, 이스라엘과 레바논 헤즈볼라 사이에 일어난 크고 작은 무력 충돌. 이들 간의 갈등은 종교적·정치적·역사적 이유로 복잡하게 얽혀 있으며, 중동 지역의 주요 분쟁 중 하나다.

중간국 中間國
국제 정치에서 강대국과 약소국 사이에 있는 국가를 지칭하는 용어. 지정학적으로 중간국 지위에 있으면서 자국의 실리를 취한 대표적 나라로 튀르키예와 베트남을 꼽을 수 있다. 이 나라들은 민주주의 진영과 사회주의 진영 사이를 오가면서 경제적·안보적 이익을 극대화하고 있다.

윌 듀랜트 Will Durant
미국의 역사학자·철학자·작가. 《문명 이야기》가 유명하다. 방대한 역사를 통합적으로 다룬 그의 저작은 일반 독자들에게 큰 감명을 주었다.

앨빈 토플러 Alvin Toffler
미국의 미래학자, 저술가로서 《제3의 물결》,《미래의 충격》 등의 저서로 유명하다. 기술 혁신과 사회 변화가 가져올 미래를 예견해 현대 사회학과 미래학에 큰 영향을 끼쳤다.

2025년 2월 6일 목요일 가자지구 쟈발리야에서 이스라엘의 공습으로 파괴된 건물 옆에 팔레스타인 난민들을 위한 텐트 캠프가 설치되어 있다.

"1945년부터 1990년까지 2340주 동안 지구촌에 전쟁이 없었던 시기는 단 3주뿐이었다."라고 설파했습니다. 리처드 하스 미국 전 외교협회장은 한반도의 안보 환경이 제2차 세계대전 이후 가장 위험한 상황이라고 경고했습니다. 서세동점西勢東占, 동세서점東勢西占, 그리고 북세남점北勢南占의 중심에 한반도가 있습니다. 우리 스스로가 외세를 불러들여 한반도를 각축장으로 만드는 '곰 창날 받듯 하다'[8]는 식의 자해 외교를 경계해야 합니다.

우리나라는 광복 후 자유민주주의 시장경제 체제하에서 최단기간에 산업화와 민주화를 이룩했습니다. 특히 서울올림픽을 성공적으로 개최해 철의 장막 너머 사회주의 진영까지 외교의 지평을 넓혔습니다. 그 후 30여 년 만에 국제 사회가 공식적으로 인정하는 선진국의 반열에 올랐습니다. 그렇지만 최근 미중 경쟁과 미러 갈등 속에 휩쓸리고 있습니다. 조선 말기처럼 대륙 세력과 해양 세력 사이에서 각축전이 벌어질까 우려스럽습니다. 이탈리아 정치사상가인 마키아벨리는 《군주론》에서 '부득이한 경우를 제외하고는 자기보다 강한 자와 손을 잡고 제3자를 공격해서는 안 된다.'면서 '승리를 거둔다 해도 동맹국의 먹이가 되기 마련이다.'라고 경고했습

리처드 하스 Richard Haass
미국의 정치학자이자 전직 관료. 미국 외교협회Council on Foreign Relations 회장을 역임했으며 국제 외교 및 정책 분야에서 영향력 있는 인물로 평가받고 있다.

니콜로 마키아벨리 Niccolò Machiavelli
이탈리아의 정치철학자이자 외교관. 그가 쓴 《군주론》은 권력의 현실적이고 냉혹한 속성을 다룬 정치철학의 고전으로 유명하다.

니다. 꼭 먹이가 되지 않더라도 위험합니다. 외국 군대에 의존하면 자국민과 자국 군대를 살리는 일을 그만큼 등한시하게 된다는 지적입니다.

우리나라의 성장 동력이 둔화하거나 멈출까 걱정됩니다. 역사의 소용돌이마다 영세중립국 논의가 제기되는 것은 그만큼 주변 상황이 불안하기 때문입니다. 중앙아시아의 투르크메니스탄은 1991년 10월에 독립하고 1995년 12월에 유엔으로부터 영세중립국의 지위를 획득했습니다. 이는 역사적·지정학적 숙명을 지혜롭게 극복한 신의 한 수로 평가받습니다. 해륙국인 대한민국이 가고 싶은 그 길을 투르크메니스탄이 먼저 간 것입니다. 복잡한 문제는 냉철한 이성과 합리적 판단 없이 해결할 수 없습니다. 즉흥적 외교로는 한반도의 평화도, 경제적 이익도, 국민의 안전도 담보하기 어렵습니다.

영세중립국 永世中立國

국제적으로 중립을 인정받아 전쟁에 참여하지 않고 다른 국가의 침략을 받지 않는 국가. 대표적으로 스위스와 투르크메니스탄이 있다. 중앙아시아의 투르크메니스탄은 1991년 소련 해체 직후 혼란기를 틈타 유엔으로부터 영세중립국 지위를 획득했다.

동세서점東勢西占

미국은 냉전 체제의 붕괴와 함께 전 세계의 단일 패권국으로 부상했습니다. 1991년 소련 해체 후 거의 사반세기 동안에 국제 질서를 좌지우지했습니다. 그러나 9.11 테러는 미국이 예상하지 못한 돌발 사태였습니다. '국가'라는 전통적인 집단이 아닌 '테러'라는 새로운 형태의 위협이 대낮에 미국을 강타했습니다. 제1도시 워싱턴 D.C.에서 세계 안보의 산실인 국방성이, 제2도시 뉴욕에서 자본주의의 상징인 세계무역센터가 폭격당했습니다.

이는 미국이 자국의 안보 능력을 과신해서 당한 참사였습니다. 테러가 일어나기 며칠 전에 러시아 연방보안부FSB가 미국 중앙정보부CIA 측에 '미 본토에서의 테러 위험'을 제보했으나 미국은 대수롭지 않게 여겼습니다. 그러나 미국 역사상 처음으로 본토를 강타

9.11 테러 September 11 Attacks
이슬람 근본주의 테러 조직인 알카에다가 2001년 9월 11일 미국에서 일으킨 대규모 테러 사건. 테러리스트들이 여객기를 납치해 뉴욕 세계무역센터World Trade Center와 워싱턴 D.C. 국방성을 공격했다.

당한 아픔과 분노는 미국의 이성을 마비시키고 말았습니다. 부시 행정부는 2002년 연두교서에 이라크, 이란, 북한을 '악의 축'으로 지목하고 제거 작전에 착수했습니다. 첫 대상이 이라크의 사담 후세인이었습니다. 국제 사회의 반대에도 불구하고 대량살상무기를 없앤다는 명분으로 공격을 감행해 10만 명 이상의 이라크인이 희생됐습니다. 하지만 이라크가 대량살상무기를 개발하지도, 보유하지도 않았다는 사실이 밝혀졌습니다. 미국은 리비아·시리아 내전에도 관여했지만 실패로 끝났습니다. 이처럼 아무리 대국이라 해도 자만은 금물입니다.[9]

미국이 중동 지역에서 좌충우돌하는 사이에 중국은 경제적·군사적으로 급격한 성장세를 보이면서 미국의 단일 패권을 위협했습니다. 미국이 소련을 견제하기 위해 키웠던 중국은 오히려 미국의 경쟁국으로 부상했습니다. 미국 정부는 중국의 일대일로 정책을 견제하기 위해 인도·태평양 전략을 펼쳤습니다. 인도·태평양 전

사담 후세인 Saddam Hussein
장기 집권한 이라크 전 대통령(1979~2003). 부통령 시절 석유 국유화를 시행해 이라크의 1인당 국민소득을 올린 유능한 정치인이었으나 대통령이 되고 나서 독재자로 변모했다. 9.11 테러 이후 미국 부시 정권은 2003년 이라크를 공격해 후세인을 권좌에서 축출했다. 이후 전범재판에 회부돼 사형 선고를 받고 처형당했다.

일대일로 정책 Belt and Road Initiative
중국 시진핑 국가주석이 추진하는 대외 정책. '일대—帶(하나의 띠)'와 '일로—路(하나의 길)'로 구성된 인프라 구축 정책으로, 중국에서 시작해서 동남아, 유럽, 아프리카를 연결하는 21세기 육상 실크로드를 만들겠다는 전략이다.

인도·태평양 전략 Indo-Pacific Strategy
미국과 동맹국들이 중국의 영향력 확대를 견제하고 자유롭고 개방적인 인도·태평양 지역을 구축하기 위해 추진하는 외교 및 안보 전략이다.

략은 '일본 연출, 미국 주연'의 안보 드라마로 알려져 있습니다. 일본 아베 총리가 2016년 8월 제6차 아프리카개발회의에서 '자유롭고 열린 인도·태평양 전략'을 발표했고 미국이 중국의 강대국화와 그로 인한 국제 질서 변동에 대응하기 위한 전략으로 채택했기 때문입니다.

미국의 아시아 정책은 태평양을 횡단한 후 일본 열도를 넘어야 하는 것이 지정학적 숙명입니다. 바이든 행정부는 출범 초기부터 규범과 규칙에 기반을 둔 국제 질서를 회복하고 동맹국과의 다자 협력 강화를 주창했습니다. 이를 위해 일본이 미국의 가장 중요한 동맹 중 하나이며, 미일 동맹이 인도·태평양 전략의 심장에 있다고 치켜세웠습니다. 미국은 여러 가지 다자주의 협력체를 구성해 가치, 기술, 경제, 안보 등 전방위적인 동맹 강화에 나섰습니다.[10]

유럽국들은 처음에는 이 전략에 참여하기를 주저했으나 러시아-우크라이나 전쟁을 계기로 미국과 경제·에너지·군사 안보 협력을 강화할 수밖에 없었습니다. 일본은 자국의 방위력과 미일 간 방위 협력 강화를 위해 이른바 안보 3문서인 '국가안전보장전략', '국가방위전략', '방위력 정비계획'을 개정했습니다. 이러한 일본의 '공세적 억지 전략'은 30여 년간 추진한 보통국가화의 완성을 의미합니다. 반면 중국은 '중화 민족의 위대한 부흥'과 '통일의 위업'을

아프리카개발회의 TICAD, Tokyo International Conference on African Development
1993년 일본이 제안한 아프리카 개발지원 회의. 아프리카 국가의 경제 및 사회 발전을 지원하는 것을 목표로 아프리카 빈곤 퇴치, 분쟁 해소 등의 의제를 5년에 한 번씩 논의한다.

2022년 3월 6일, 반전 시위를 열고 있는 폴란드 크라쿠프의 우크라이나인 난민

달성한다는 강한 의지를 바탕으로 미중 경쟁의 장기화에 대응하고 있습니다. 중국은 전쟁을 해서라도 대만을 통일하겠다고 선언하기도 했습니다.

미국의 헤리티지 재단이 최근 발표한 '미국 군사력 지수'에서 중국·러시아·북한을 미국의 안보를 위협하는 '높은 위협' 적성국으로 분류했습니다. 한미일 3국의 연대는 북중러의 결속을 부추기면서 한반도 안보를 더욱 불안하게 합니다. 게다가 북한이 한국을 적대국가로 명시함으로써 남북한 간 긴장감이 고조되고 있습니다.

보통국가Normal State**화**
일본 자유당의 오자와 이치로小澤一郎가 일본이 진정한 국제국가가 되기 위해 갖추어야 할 자세로 제안한 개념. 제2차 세계대전 도발국인 일본이 전후의 상인국가, 통상국가의 이미지를 벗고 군사적 보통국가로 거듭날 것을 주장한다.

헤리티지 재단 The Heritage Foundation
미국의 대표적인 보수 성향의 싱크탱크로 외교·경제·사회 정책연구 및 보수주의 정책을 제안하고 있다.

서세동점 西勢東占

2022년 2월 24일 러시아가 '특수군사작전'을 선포하고 우크라이나의 수도 키이우로 진격할 때만 해도 전쟁이 금방 끝날 줄 알았습니다. 튀르키예의 이스탄불에서 3월부터 진행된 평화 협상이 타결되는 분위기였습니다. 그런데 4월 초에 영국의 존슨 총리가 우크라이나를 깜짝 방문해 120대의 전차와 대함 미사일 지원을 약속함으로써 협상은 중단되고 전쟁이 재개됐습니다. 협상 타결을 전제로 키이우에서 퇴각한 러시아는 "서방에 속았다!"라며 격양된 반응을 보였습니다. 이 전쟁은 러시아와 우크라이나 간 전쟁이 아니라 러시아와 미국 간 대리전입니다. 나아가 영국이 미국 편에 가세함으로써 대륙 세력과 해양 세력의 각축전으로 비화했습니다.

러시아-우크라이나 전쟁을 제대로 이해하기 위해서는 냉전 말기의 상황을 짚어볼 필요가 있습니다. 1990년 2월 독일 통일을 위한 미소 회담에서 베이커 미 국무장관은 고르바초프 소련 서기장에게 "동쪽으로 1인치도 이동하지 않겠다."라고 세 번이나 공언했습

우크라 대통령 "평화협상 긍정적, 경계태세는 늦출 수 없어"

이종섭 기자 입력 2022. 3. 30. 10:06 수정 2022. 3. 30. 19:00

[경향신문]
5차 평화협상 후 화상 연설 발표
"공격 계속할 가능성...제재 계속"

볼로디미르 젤렌스키 우크라이나 대통령. AP연합뉴스

볼로디미르 젤렌스키 우크라이나 대통령은 29일(현지시간) 러시아와의 5차 평화협상 결과에 대해 긍정적인 평가를 하면서도 "경계를 늦출 순 없다"며 신중한 입장을 나타냈다. 러시아 역시 '특별군사작전'을 계속하겠다는 뜻을 나타냈다.

젤렌스키 대통령은 이날 5차 평화협상 후 발표한 화상 연설에서 "협상에서 들려오는 신호는 긍정적이라고 말할 수 있다"면서도 "그러나 이 신호가 있다고 해서 폭발이나 러시아 공격이 없어지진 않는다"고 말했다고 AFP통신 등이 보도했다. 젤렌스키 대통령은 이어 "우리를 파괴하기 위해 계속 싸우는 국가에서 온 대표단의 말을 신뢰할 근거는 없다"고 밝혔다.

2022년 3월 3일 《경향신문》 기사

니다. 그 후 러시아는 북대서양 조약기구NATO의 대항 기구인 바르사바 조약기구를 해체해 버렸습니다. 그러고는 NATO 가입을 희망했으나 러시아의 요구는 수용되지 않았습니다. 오히려 1999년 체코·헝가리·폴란드로 시작해 2024년 스웨덴까지, NATO 회원국은 32개국으로 늘었습니다. 남은 것은 우크라이나와 조지아입니다. 이런 상황에서 젤렌스키 대통령이 우크라이나의 NATO 가입을 헌법에 명문화함으로써 러시아와의 갈등을 증폭시켰습니다.

마침내 러시아와 우크라이나 사이에 전쟁이 발발했고, 스웨덴과 핀란드까지 흡수한 NATO는 12년 만에 '신전략 개념'을 채택했습니다. 이 문서에는 나토의 전략 범위를 인도·태평양으로 확장할 것

미하일 고르바초프Михаи́л Горбачёв
소련의 최초이자 마지막 대통령(1985~1991). 경제·정치의 개혁 정책인 페레스트로이카와 개방 정책인 글라스노스트를 추진했으나 1991년 8월 친위 쿠데타 발발로 소련 해체와 함께 실각했다.

북대서양 조약기구NATO, North Atlantic Treaty Organization
1949년에 설립된 집단 방위 동맹으로 북미와 유럽 32개국이 포함되어 있다. 회원국 중 하나가 공격받을 경우 전체 회원국이 방어에 나서는 것을 원칙으로 한다.

바르샤바 조약기구WTO, Warsaw Treaty Organization
소련과 동유럽 공산국가들이 NATO에 대응하기 위해 1955년에 결성한 군사 동맹으로 1991년 소련 붕괴 후 해체되었다.

볼로디미르 젤렌스키Володи́мир Зеле́нський
2019년 취임한 배우이자 코미디언 출신 우크라이나 대통령. 2022년 2월부터 미국과 나토의 지원하에 러시아와 전쟁을 치르고 있다. 4년째 접어든 전쟁에서 국토 면적의 20퍼센트를 러시아에 빼앗겼으며 1000만 명 이상의 국민이 피난민으로서 해외를 유랑하고 있다.

신전략 개념 New Strategic Concept
NATO가 채택한 군사적·정치적 지침으로 국제 정세 변화에 따라 수정된다. 2022년 전략 개념에는 중국과 러시아의 도전 및 사이버 위협 대응 방안이 포함돼 있었다.

을 명시함으로써 NATO는 유라시아 대륙을 넘어 아시아로 동진했습니다.

영국과 러시아는 19세기에 흑해 연안뿐만 아니라 동북아에서도 싸운 적이 있습니다. 러시아의 구축함 팔라다호는 1854년 4월 2일부터 11일간 여수 거문도에 정박했습니다. 섬 주민들은 팔라다호에 초대받아 서양 배의 내부와 문물을 구경하고 술과 다과를 대접받았습니다. 푸타틴 제독은 주민들을 통해 지방 관헌에게 개항을 요청하는 친서를 보냈습니다. 그런데 지방 관헌은 처벌이 두려워 임금에게 보고하지 않았습니다.[11] 그 후 30년이 지난 1884년 7월이 되어서야 러시아는 조선과 통상 조약을 체결합니다. 이에 영국은 1885년 3월부터 거문도를 2년간 불법으로 점령합니다. 그 직전까지 아프가니스탄에서 전개된 영국군과 러시아군 사이의 갈등이 조선으로 확대된 셈입니다. 그 후 영국은 러시아의 팽창을 막기 위해 1902년 일본과 동맹 조약을 체결했습니다. 일본은 러일전쟁에서 승리해 조선과 만주로부터 러시아를 몰아냈습니다. 영국은 1905년 제2차 영일동맹을 체결해 일본의 조선 지배를 외교적으로

러일전쟁

1904~1905년 사이 일본과 러시아가 만주와 한반도 지배권을 두고 벌인 전쟁. 일본이 승리하며 동아시아 강국으로 부상했다. 반면 러시아는 제정러시아가 무너지고 사회주의 혁명의 소용돌이에 휩싸였다.

영일동맹英日同盟

영국과 일본이 20세기 초 러시아의 남하 정책을 견제하기 위해 체결한 동맹 조약. 제1차 영일동맹(1902), 제2차 영일동맹(1905)과 제3차 영일동맹(1910)은 러시아의 팽창을 저지하고 한일병탄을 포함한 일본 제국의 세력 확대에 도움이 된 동맹이다.

보장했습니다. 결국 조선의 운명은 1905년 을사늑약을 거쳐 1910년 한일병탄으로 이어졌습니다.

러시아-우크라이나 전쟁과 더불어 이스라엘-하마스 전쟁은 이스라엘-이란 충돌로 비화함으로써 세계소전The little world war 양상을 보이고 있습니다. 전 세계를 강타한 코로나19처럼 세계 정세에 영향을 끼치는 상황에 이르렀습니다. 한국은 UN의 대러시아 비난 성명에 서명한 141개국에 속해 있고, 대러 경제 제재에 동참한 48개국에 속해 있으며, 우크라이나에 방산 물자를 지원하는 31개국에도 포함됩니다.

우리나라 대통령이 정상으로서는 최초로 3년 연속 나토 정상회의에 참석하고, 이에 대한 답방으로 카볼리 NATO 사령관이 한국을 방문했습니다. 일본의 이시바 총리는 '아시아판 NATO'를 내세우면서 동북아 내 군사 블록화를 유도하고 있습니다. 여기에 북한군의 러시아 파병설은 한반도의 위기 상황을 더욱 부채질하고 있습니다. 이 때문에 사람들은 남북한 및 중국-대만 등 세계대전The great world war으로 확전할 것을 우려합니다.

북세남점 北勢南占

쯔엉떤상 베트남 국가주석은 2012년 8월 러시아를 방문해 푸틴 대통령과 중대한 현안에 합의했습니다. 러시아는 베트남 원전 건설에 쓰일 80억 달러를 포함해 차관 100억 달러를 제공하고 베트남은 러시아에 깜라인만의 선박 수리 기지를 허용했습니다. 깜라인만은 베트남 전쟁 때 미군의 최대 군항이었으나, 종전 이후 러시아가 23년간 태평양함대 기지를 운용하다가 2002년 5월에 시설 일체를 베트남 측에 넘겼습니다. 2012년의 러시아-베트남 간 합의 사항은 소련 당시 아시아·태평양의 지정학적 거점들을 하나씩 복원해 가는 '재균형'의 성격이 강했습니다. 사실상 베트남 공산당 체제는 상당한 정도로 소련을 모델로 삼고 있습니다. 북베트남은 베트남 전쟁 때 군사기술 분야에서 소련과 긴밀하게 협력했고, 현재도 하노이 공안 시스템은 소련 방식을 답습하고 있습니다. 소련 비밀경찰인 체카의 창시자인 제르진스키 동상 제막식이 2017년 1월 설날에 하노이에서 거행된 것은 우연이 아닙니다. 러시아도 아닌 베트남에서 KGB 창시자의 동상이 세워졌다는 사실이 시사하는 바는 적지 않습니다. 그런데 이게 끝이 아닙니다. 2023년 9월 11일 러시아 해외정보부SUR가 모스크바 남부 야세네보 지역에 있는 본부 건물 앞에서 제르진스키의 동상 제막식을 열었습니다. 제르진스키의 생일에 맞춰 열린 행사였습니다. 1958년에 만들어져 '철의 펠릭스'라고 불리던 옛 동상을 1991년 시민들이 철거했는데, 32년 만에 러시아 첩보기관 앞에 비밀경찰 창시자의 동상이 다시 세워진 것입니다. 푸틴이 어떤 야심을 품고 있는지 알 수 있는 대목이지요.

냉전 당시 이대 지역에서 러시아의 지정학적 거점은 크게 세 곳이었습니다. 극동의 부동항이자 군항인 블라디보스토크항과 남중국해로 이어지는 베트남 깜라인만, 그 중간 기착지인 북한의 동해안 항구였습니다. 1984년 체르넨코 서기장 때 북한은 소련 군함이 거의 모든 동해안 항구를 자유롭게 기항할 수 있도록 제공했고, 베트남 깜라인만에 있는 소련 기지와 극동의 블라디보스토크 기지를 직선으로 연결할 수 있도록 북한 영공을 통과하는 비행 루트도 제공했습니다.

체카Чека

1917년 12월 20일 반혁명 세력을 탄압하기 위해 레닌과 볼셰비키들에 의해 설립된 비밀경찰 조직. 체카는 러시아 내전 기간에 반혁명 세력에 대해 무자비한 학살을 자행했으며, 스탈린 집권 당시 반체제 인사를 탄압해 악명을 떨친 국가보안위원회KGB의 전신前身이다.

펠릭스 제르진스키Фéликс Дзержи́нский

폴란드 출신 공산주의 혁명가로 러시아혁명 당시 비밀경찰 기관인 체카를 창설했다. 모스크바 KGB 본관 앞 광장에 있던 그의 동상은 1991년 소련 해체와 더불어 철거됐으나 2017년 1월 사후 100주년을 맞아 베트남 하노이에 건립됐다.

홍미로운 사실은 2012년 푸틴 3기 정권이 출범하면서 1980년대와 비슷한 상황이 재현되고 있다는 점입니다. 러시아는 그해 9월 블라디보스토크 APEC 정상회의 개최를 계기로 동방 정책을 표명하면서 본격적인 시베리아·극동 개발에 나섰습니다. 북한과는 2014년 라진항 3호 부두 사용을 위한 협정을 체결했습니다. 그때 상선을 보호할 목적으로 러시아 군함이 입항할 수 있는 권한을 확보했습니다. 우크라이나와 전쟁 중인 2022년 8월에는 캄차카반도의 태평양함대 사령부를 블라디보스토크항으로 다시 이전했고, 2023년 9월 김정은 위원장은 극동 방문 때 함대를 직접 시찰했습니다. 푸틴 대통령은 2024년 6월 북한을 방문하고 곧바로 베트남으로 향했습니다. 해외 순방 일정으로 동북아의 북한과 동남아의 베트남을 연쇄 방문한 것은 다분히 전략적 의도가 있습니다. 40여 년 전 냉전 절정기의 블라디보스토크-라진-깜라인만 군사벨트 구축을 연상케 합니다. 박근혜 정부 때 중국과 러시아의 전투기가 독도 상공의 한국방공식별구역KADIZ을 무단으로 출입하면서 합동 비행을 한 것도 우연이 아닙니다.

동방 정책

러시아가 19세기 말부터 20세기 초까지 동아시아와 태평양 지역에서 영향력을 확대하기 위해 추진한 정책. 푸틴 대통령은 2012년 집권 3기 출범과 함께 블라디보스토크 APEC 정상회의를 계기로 극동·북극 개발에 중점을 둔 신동방 정책을 추진 중이다.

라진항

북한 함경북도에 있는 부동항不凍港. 북한은 김일성 당시부터 라진항과 선봉항을 개혁개방의 전진기지로 삼고 있다. 현재 러시아와 중국이 이 항구를 장기 임대해 물류항으로 활용하고 있다.

19세기 말에 조선이 개항한 이후 청나라와 일본, 그리고 유럽 열강은 동북아시아의 요충지인 조선에 대한 지배권을 놓고 치열하게 싸웠습니다. 당시 러시아의 남하 정책과 대립하던 영국·청나라·일본은 세계 도처에서 러시아 견제에 나섰습니다. 청나라·일본은 개항 전부터 조선에 대해 러시아의 남하에 대한 방비책을 권고했습니다. 일본 주재 청나라 공사관의 참찬관으로 있던 황쭌셴이 지은 《사의조선책략》이 바로 그 책입니다. 청나라가 조선으로 하여금 서구 제국과 통상을 권유한 것도 일본과 러시아의 위협을 견제하려는 의도였습니다.

최근 러시아는 서쪽으로는 상하이협력기구에 가입한 벨라루스를 내세워 유럽과 안보 장벽을 쌓고, 동쪽과 남쪽으로 영역을 확장하는 새로운 유라시아 안보 구상을 본격화했습니다. 러시아의 남

한국방공식별구역KADIZ, Korea Air Defense Identification Zone
방공식별구역ADIZ은 국가 안보를 위해 설정한 경계선으로 항공기의 식별과 위치 확인 및 통제가 요구되는 공역空域을 의미한다. 비행금지구역NFZ, 비행금지지역AEZ는 항공기의 비행이 허가되지 않는 지역으로, 주로 UN이나 NATO가 분쟁을 억제하기 위해 지정한다. 한국은 독도 상공 등에 방공식별구역KADIZ을 설정해 항적 조기 탐지, 식별 및 전술항공통제 임무를 수행하고 있다.

《사의조선책략》私擬朝鮮策略
조선이 러시아의 위협에 대응하기 위해 중국·일본·미국과 협력해야 한다는 내용을 담은 책으로《조선책략》으로 널리 알려졌다. 1880년에 2차 수신사로 일본에 갔던 김홍집이 가져와 고종에게 바쳤다. 고종 19년인 1882년 청나라의 주선으로 미국과 수교를 맺는 데 영향을 주었다.

상하이협력기구SCO, Shanghai Cooperation Organization
2001년에 설립된 정치, 경제, 안보 협력 기구. 중국, 러시아, 카자흐스탄, 키르기스스탄, 타지키스탄, 우즈베키스탄이 창립 회원국이며 이후 인도, 파키스탄, 이란 등이 가입했다. 반테러 활동, 경제 협력, 지역 안보 등의 어젠다를 논의한다.

진 정책은 미일-나토 연대의 인도·태평양 전략과 한반도에서 조우할 수밖에 없습니다. 우리의 과제는 조선 말기의 전철을 밟지 않도록 고차원의 외교 전략을 펼치는 것입니다. 오늘날 우리나라의 국제적 위상과 외교적 능력은 그때보다 월등합니다. 관건은 통치 엘리트층의 주권 의식입니다.

"

러시아는 경제 신화를 이룬 한국을
아태 지역에서 경제적 '기회의 창'을 제공하는
최적의 파트너로 인식하고 있습니다.

3

"
나와
내 나라의
숙명
"

대한민국
시나리오

우리나라는 해륙국 海陸國이고, 분단국 分斷國이며, 통상국 通商國입니다. 해륙국은 지정학적으로 해양 세력과 대륙 세력이 만나는 나라입니다. 한반도는 장구한 역사를 지나는 동안 숱한 외침을 받았습니다. 세계사적으로 유례를 찾아보기 힘든 고난의 역사였습니다. 주변국에 의해 포위당한 '지정학적 저주'라는 자조 섞인 푸념을 하기도 했습니다. 일제 35년간 나라 없는 설움을 경험했고, 해방과 동시에 분단의 비극 속에 살고 있습니다. 그러나 한민족은 이러한 악조건을 호조건으로 승화시키는 탁월한 능력이 있습니다. 분단으로 인한 불이익을 오히려 분단이 주는 이익으로 반전시켰습니다.

분단 이후 북한은 북방 세력의 완충지로서, 남한은 해양 세력의 교두보로서, 견제와 균형을 유지하면서 협력과 경쟁을 반복해 왔습니다. 중동처럼 석유 자원이 있는 것도 아니고, 남아프리카공화국처럼 다이아몬드 광산이 있는 것도 아닙니다. 조상으로부터 물려받은 근면성 외에는 내놓을 천연자원이 없습니다. 우리는 외화

두 체제

벌이를 위해 중동의 사막지대에서 일하거나 여성들의 머리카락을 잘라 만든 가발을 수출하기도 했습니다. 이런 노력 끝에 한국은 OECD 회원국 중 원조받는 나라에서 최단기간에 원조하는 나라로 발돋움했고, 2021년에는 선진국으로 등극했습니다.

그렇지만 오늘날 한반도에는 전 세계에서 유래 없는 두 체제가 극도로 불균형한 지정학적·지전략적·지경학적 단층대 위에서 공존하고 있습니다. 박노자 오슬로대학교 교수는 미군의 지휘와 '보호'를 받으면서 사는 데 익숙해진 부자 나라와, 생활 수준이 세계 하위권인데도 고도로 발달된 미사일 기술과 핵으로 무장하고 '자주'에 사활을 거는 가난한 나라가, 인구 밀도가 가장 높은 축에 속

철원평화전망대에서 바라본 DMZ

하는 좁은 한반도에서 공존하고 있다고 분석했습니다. 즉 '불완전한 주권의 부자 나라'인 남한과 '가장 빈곤한 군사 대국'인 북한이 비무장지대를 사이에 두고 대치하고 있다는 것입니다. 남한은 미국의 지배적인 영향하에서 주권을 온전하게 행사할 수 없는 나라이고, 북한은 가난하지만 완전한 주권과 최강의 전략 무기를 가진 나라로 인식된다는 지적입니다.

우리나라는 "모든 길은 로마로 통한다."라는 제국주의적 신화를 이룰 수 있는 나라가 아닙니다. 한국인은 그럴 민족도 아닙니다. 무수한 외침을 받으면서도 다른 나라를 침략한 역사가 없다는 것은 경이로운 일입니다. 그래서일까요? 우리의 고유한 특성이 반영된 표현이 바로 '한恨의 민족'입니다. '한'은 부당함과 피해에 대한 원한을 품고 복수를 꾀한다는 뜻이 아닙니다. 오히려 분함과 억울함을 사랑과 용서로 승화시켜 푼다는 것입니다. 한민족은 평화를 사랑해 왔고 이러한 평화 애호 정신은 세계에서 주도적 영향력을 가진 나라가 없는 21세기 지G-제로 시대에 엄청난 자산이 될 수 있습니다.

해륙국으로서의 지정학적 여건을 바탕으로 분단국으로서의 지전략적 지혜와 통상국으로서의 지경학적 환경을 조화롭게 활용하면 국익을 배가할 수 있습니다. 지정학적 공유 이익의 확대가 지전략적 관계 형성의 필요조건이라면, 지경학적 공유 이익의 증대는 충분조건에 해당합니다. 이처럼 한반도는 지정학·지경학적 관계가 상호 긴밀하게 교호작용을 이룰 때 지전략적 필요충분조건을 충족할 수 있습니다. 다만, 한반도에서 그 어떤 군사적 행동조차도 최악의 시나리오에 속한다는 사실을 명심해야 할 것입니다.

지-제로 시대G-Zero Era
국제 정세에서 단일 초강대국이 없는 상태. 강력한 글로벌 리더가 부재한 상태에서 국제 질서가 혼란스러워지고 협력이 어려워지는 시대를 일컫는다.

해륙국 海陸國

한반도는 해양 세력과 대륙 세력이 만나는 중간 지대입니다. 북중러 접경의 두만강 하구는 접경국인 북한, 중국, 러시아뿐만 아니라 비접경국인 한국, 일본, 미국과도 밀접한 이해관계를 맺고 있습니다. 이 지역은 1860년 베이징 조약으로 러시아 영토에 편입되고 1861년 러시아-조선 간 경계비를 세움으로써 최초의 국경이 성립된 지정학적·역사적 요충지입니다. 그 후 청일전쟁과 러일전쟁의 독무대가 되었으며, 일본 제국은 러일전쟁 승리 후 제정러시아로부터 뤼순과 다롄의 조차권을 넘겨받아 1932년 만주국을 건설했습

베이징 조약 Treaty of Beijing
1860년 청나라가 제2차 아편전쟁에서 패배해 영국, 프랑스, 러시아와 체결한 굴욕적인 조약. 중국은 홍콩 일부를 영국에 할양하고, 러시아에 연해주를 넘기는 등 많은 영토와 권리를 서구 열강에 양도해야 했다.

청일전쟁Sino-Japanese War
1894~1895년 청나라와 일본 간에 일어난 전쟁. 주로 조선의 지배권을 둘러싼 갈등에서 비롯했다. 일본이 승리하면서 청나라는 시모노세키 조약을 통해 조선의 독립을 인정하고 대만, 라오둥반도 등을 일본에 할양했다.

만주국Manchukuo
1932년 일본이 만주 지역에 세운 괴뢰 국가로 실질적으로는 일본의 식민지였다. 일본은 만주국을 중국 본토와 아시아 지역으로 세력을 확장하는 침략의 거점으로 활용했다.

니다. 소련군은 1938년 7~8월 약 열흘간 하산 전투에서 일본군의 도발을 무찌르고, 1939년 5~9월 중국·몽골 국경의 할힌골 전투에서도 일본에 승리함으로써 제2차 세계대전의 승기를 잡았습니다. 푸틴 대통령이 2024년 9월 3일 할힌골 전투 85주년을 맞아 몽골을 방문한 이유입니다. 마침내 1945년 8월 9일! 소련군이 두만강변에서 선전포고 후 일본군을 괴멸함으로써 제2차 세계대전을 연합군의 승리로 마감해 대미를 장식했습니다.

한반도의 최북단에 있는 북한 라진항은 수심이 깊고 잔잔해 호수와 같은 부동항으로 최적의 군사와 물류 거점입니다. 일제는 1935년 만주철도회사를 앞세워 라진을 항구로 개발했고 해방 후에는 소련이 극동 해군기지로 이용했습니다. 러시아로서는 극동 지역 개발과 남진 정책이 맞닿는 지역이요, 중국으로서는 동북3성 개발과 동해 진출의 교두보입니다. 북한으로서는 수도인 평양으로부터 원거리에 자리하고 주변 강국인 중국·러시아와 국경을 접하고 있어 상호 견제와 균형을 유지함으로써 개혁·개방으로 인한 체제 위협을 줄일 수 있는 요충지입니다.

접경지역은 두 세력 간 '분리의 선'이면서도 '접촉의 선'입니다. 또

하산 전투 Battle of Lake Khasan(중국명으로는 장고봉 전투)
1938년 7~8월 13일간 러시아 연해주 하산호 일대에서 벌어진 소련과 일본 사이의 전투. 러일전쟁 패배 이후 소련군이 최초로 일본군을 물리친 전투로 평가된다.

할힌골 전투 Battle of Khalkhin Gol(일본명으로는 노몬한 전투)
1939년 여름 약 3개월간 몽골과 만주국 국경에서 벌어진 소련과 일본 사이의 대규모 전투. 소련군과 몽골군이 일본군과 만주국군을 상대로 승리했으며, 이로 인해 일본은 소련과의 대규모 충돌을 피해 남쪽으로 진출했다.

한 '장벽'이면서 '통로'인 초국경 공간입니다. 지역 차원에서는 세계화와 지역화가 결합되는 세방화를 구현할 수 있습니다. 국가 차원에서는 정치·경제적으로 통제가 약화되고 민족주의가 강화되는 변두리이지만, 접경국 사이에 풍부한 협력의 경험을 공유할 수 있습니다. 오늘날 국가보다는 지역의 중요성이 증대되면서 월경지역이 미래의 국민국가를 대체할 지역국가로 인식되는 추세입니다. 특히 러시아는 2012년 블라디보스토크 APEC 정상회의를 기점으로 동방 정책에 매진해 왔습니다. 푸틴 대통령도 2023년 9월 동방경제포럼에서 21세기 전 기간에 걸쳐 시베리아·극동 개발에 주력하겠다는 입장을 밝혔습니다. 유럽·아메리카 중심에서 벗어나 유라시아를 거쳐 극동에 이르는 북극·북태평양 시대를 주도하겠다

접경지역Border Area
두 국가 또는 지역의 경계에 있는 지역. 국경을 마주한 인접 국간 무력 충돌이 발생하면서도 문화적·경제적·군사적 상호작용이 활발히 이루어질 수 있다.

세방화Glocalization
세계화Globaliztion과 지방화Localiztion의 합성어. 세계적인 흐름을 지역적 특성에 맞게 적용하는 개념으로, 글로벌 전략과 로컬 전략을 동시에 활용하는 방식이다.

월경지역Transboundary Region
국경을 넘어 여러 국가에 걸쳐 있는 지역. 주로 환경 문제나 자원 분배와 같은 이슈와 연관되어 논의된다. 한반도에서는 북중러 접경의 두만강 하구를 대표적인 월경지역으로 꼽는다.

지역국가Regional State
특정 지역을 중심으로 영향력을 행사하거나 주요한 역할을 수행하는 국가. 해당 지역의 정치적·경제적·문화적 중심이 되는 경우가 많다.

APECAsia-Pacific Economic Cooperation
아시아태평양경제협력체. 아시아·태평양 지역 국가들이 경제 협력을 강화하기 위해 설립한 국제기구로, 1989년에 창설됐으며 회원국 간의 무역과 투자 자유화를 촉진하고 경제 성장과 지역 협력을 목표로 한다.

는 야심이 엿보입니다.

한국은 지정학적 중간국으로서 남북이라는 이분법적 구도를 넘어 동북아의 평화와 경제 협력을 통해 상생 발전을 주도할 수 있습니다. 지정학적·역사적 운명이 우리와 유사한 베트남이나 튀르키예를 반면교사로 삼아야 합니다. 베트남은 군사 안보적으로 러시아와 동맹국이나 다름없습니다. 군사 장비의 80퍼센트를 러시아에서 조달하고 있고, 깜라인만에 해군기지를 제공했습니다. 두 나라는 남중국해에서 석유와 가스 탐사 사업을 공동으로 수행하고 있습니다. 베트남은 러시아-우크라이나 전쟁 상황에서도 서방의 러시아 제재에 동참하지 않고 있습니다. 인접국인 중국은 베트남의 제1 교역국으로서 이를 지렛대를 활용해 미국과의 안보 협력 밀착을 견제하고 있습니다. 반면 베트남은 중국을 견제하기 위해 미국, 일본과의 안보 협력 수준을 높여 가면서 일본의 공적개발원조를 가장 많이 받고 있습니다. 다른 한편으로 베트남은 중국과의 남중국해 영토 분쟁에도 불구하고 통킹만 해역에서 중국과 수년째 양국 해양경비대의 공동 순찰을 수행하고 있습니다. 베트남과 중국 국민 사이에 감정이 좋지 않은데도 베트남 공산당과 중국 공산당은 정당 간 유대를 통해 양국 관계를 관리하고 있습니다. 이것이 베트남의 대나무 외교입니다.

공적개발원조 Official Development Assistance
선진국이 개발도상국의 경제 발전과 복지 증진을 위해 제공하는 자금, 기술, 혹은 자원을 의미한다. 인도적 지원, 기술 이전, 인프라 개발 등을 포함한다.

튀르키예는 러시아-우크라이나 전쟁 초기 우크라이나에 공격용 드론을 공급함으로써 러시아의 진격을 저지하는 데 크게 기여했습니다. NATO 회원국으로서 우크라이나를 지원하면서도 러시아와는 끈끈한 유대관계를 유지하며 국익을 챙기고 있습니다. 서방의 대러시아 제재에 동참하지 않는 등 친러시아 행보를 보이면서도 휴전 협상을 주선하고 흑해를 통해 우크라이나산 식량을 수출할 수 있도록 중재 역할도 자임했습니다. 푸틴 대통령이 2023년 5월 에르도안 대통령의 대선 승리에 대해 '독립적 외교 정책에 대한 국민의 지지 덕분'이라며 축하 메시지를 건넸습니다.

윤석열 정부는 '힘에 의한 평화'를 표방하면서 북한에 대한 강경 노선을 규정했습니다. 북한도 남북 관계를 '교전 중인 두 개의 적대 국가'로 규정했습니다. 그렇지만 한반도의 미래를 바꿀 수 있는 것은 우리의 유연한 대북 정책입니다. 현명한 사고와 부드러운 평화가 지정학적 숙명론을 극복하기 위한 유연한 국가 전략을 만들 수 있습니다. 한반도의 지정학적 조건을 국가 이익과 미래의 발전 전략에 맞게 재구성하는 역량을 갖추어야 합니다. 김창수 박사(전 민주평화통일자문회의 사무처장)는 유연하고 능동적인 자세로 주변국들이 추

대나무 외교Bamboo Diplomacy

아시아 국가들이 특정 강대국의 영향력에서 벗어나 독자적이고 유연한 외교를 펼치는 전략. 대나무는 강하면서도 유연한 속성이 있어 이러한 외교 방식을 상징한다. 베트남을 비롯한 태국이 추구하는 실리 외교가 대표적이다.

레제프 타이이프 에르도안Recep Tayyip Erdoğan

튀르키예 현직 대통령. 강력한 지도력으로 경제와 정치 체제를 변화시키고, 이슬람 중심 정책을 강화해 온 인물이다. 러시아-우크라이나 전쟁을 계기로 서방과 러시아 사이를 넘나들면서 자국의 실리를 추구하고 있다.

구하는 정책의 차이를 넘나드는 가교 파워 외교를 제안했습니다.

　현재 우리나라는 미일의 인도·태평양 전략과 신냉전 구도에 갇혀 유라시아의 역동적인 변화를 놓치고 있습니다. 성원용 인천대학교 교수는 국가 정책 의제에서 무모하게 지워 버린 유라시아 북방 대륙을 하루속히 되살려야 유라시아 국제운송회랑 대전의 실체를 정확하게 파악할 수 있다고 주장합니다. 그래야만 망각 속에서 희미해지는 한반도 해륙복합화 전략 실현의 이념적·물리적 토대도 지켜나갈 수 있고, 러시아-우크라이나 종전 후 새롭게 열릴 유라시아 시대의 발판을 마련할 수 있다는 것입니다. 제프리 삭스 미국 컬럼비아대학교 교수는 "미국의 패권 시대는 끝났다. 미국은 중국, 러시아, 이란 및 기타 강대국들과 평화롭게 사는 법을 배워야 한다."라고 조언했습니다. 2045년 광복·분단 100주년에는 평화와 통일로 '하나 된 나라One Korea'로 세계 속에 우뚝 설 수 있어야겠습니다.

가교 파워Bridge Power
강대국과 약소국 사이에서 협력과 조정을 통해 외교적 가교 역할을 하는 국가의 힘을 뜻하는 용어. 한국 같은 중견국 외교에서 특히 중요한 힘이다.

해륙복합화 전략
육상과 해상의 군사적·경제적·외교적 힘을 결합해 전략적으로 활용하는 정책이나 계획. 중국이 육상 실크로드(일대일로)와 해상 실크로드를 결합해 경제적 영향력을 확대하려는 전략이 대표적 예다.

제프리 삭스Jeffrey Sachs
미국의 경제학자이자 정책연구자. 컬럼비아대학교 석좌교수로서 빈곤 퇴치, 환경 지속 가능성, 경제 발전과 같은 문제를 연구해 온 세계적인 학자다. UN의 지속가능발전목표SDGs를 수립하는 데 기여했으며, 국제 개발과 글로벌 문제 해결에 앞장서고 있다.

분단국 分斷國

북한은 가장 가까우면서도 가장 먼 나라입니다. 헌법 제3조는 대한민국의 영토를 '한반도와 그 부속도서'로 규정하고 있습니다. 문서상으로는 우리 땅입니다. 그렇다고 주권을 행사해 본 적은 없습니다. 김정은 위원장은 남북한을 '적대적 두 국가' 관계로 규정하고 남북한을 연결하는 경의선·동해선 도로를 폭파해 버렸습니다. 이젠 한 걸음도 넘어설 수 없습니다. 대한민국 여권만 있으면 지구촌 구석구석을 다닐 수 있지만, 북한은 못 갑니다. 하늘길도 막혀 있습니다. 우리에게는 너무 먼 나라입니다. 아니, 지구 밖 위성이나 다름없습니다.

그래도 북한은 적국이면서 우국입니다. 그 나라 사람들은 이민족이면서 동족입니다. 냉전 체제의 마지막 남은 분단국입니다. 스스로 택한 운명은 아니었습니다. 먼저 미국과 영국이 일본과 밀약해서 35년간 일제에 위탁했습니다. 그리고 미국과 소련이 연합해서 되찾았습니다. 곧바로 사이좋게 반으로 나눠 가졌습니다. 주인에게 물어보지도 않았습니다. 동족끼리 영문도 모른 채 피를 흘렸습니다. 필요하면 동족이요 불필요하면 적입니다. 얼마나 잔인한 모순인가요. 만나고 싶을 때 만날 수 없다는 것은 불행 중 불행입니다.

남과 북은 1953년 전쟁을 멈추고 군사분계선을 사이에 두고 현재까지 대치하고 있습니다. 전쟁 중인 두 나라가 통일하자는 것은 자기모순입니다. 전쟁을 이기는 나라가 진 나라를 차지하는 것이 상식입니다. 그래서 통일하겠다는 것은 무력 통일을 의미합니다. 정권이 바뀔 때마다 금방이라도 통일이 될 것 같은 환상을 국민들에게 심어 주었습니다. 적어도 한국전쟁을 경험한 세대와 소위 반공 이념에 익숙했던 BB 세대까지도 통일을 불변의 진리처럼 신봉해 왔습니다.

그렇지만 2030세대는 상당수가 통일을 원하지 않는 것으로 알려져 있습니다.[12] 잘사는 남한이 못사는 북한을 도와주어야 한다는 경제적 논리 때문입니다. 서독과 동독은 모두 잘사는 나라였는데도 막상 통일해 보니까 천문학적인 비용이 들었다는 것입니다. 빈부 격차에 의한 상대적 빈곤감은 사회의 불안 요인입니다. 1991년 소련이 해체되고 신생 러시아가 자본주의로 바뀌면서 빈익빈 부익부 현상이 만연했습니다. 옛 소련 시절을 그리워하는 노인층이 늘었습니다. 그때는 모든 국민의 생활 수준이 비슷했기 때문입니다. 물질적으로 여유가 생겼는데도 나보다 더 잘사는 이웃이 있다는 것을 참을 수 없었습니다. 그래서 각종 범죄가 발생하기 시작했습니다.

　이러한 반통일 정서는 북한도 마찬가지인 듯합니다. 윤석열 대통령이 2022년 8.15 경축사에서 '담대한 구상'을 밝혔습니다. 북한의 김여정 노동당 부부장은 이에 대해 거부 의사를 밝히면서 "제발 좀 서로 의식하지 말며 살자."라고 응수했습니다. 북한 주민들이 물질적으로 풍요로운 남한 국민으로부터 상대적 빈곤감을 느낄 수 있을 것입니다. 김정은 위원장은 남한을 '제1의 주적'으로 규정했습니다. 이로 인해 남북한 간 연락선이 모두 단절됐습니다. 그렇지만 판문점 공동경비구역에 근무 중인 유엔사는 24시간 북한군과 소통하고 있습니다.[13] 납득할 수 없습니다.

　북한 정권은 서방의 경제 제재와 코로나19 감염병으로 국경을 봉쇄하면서도 핵을 껴안고 살고 있습니다. 굶어 죽으나 병들어 죽으나 마찬가지니까요. 그러나 "풀뿌리를 뜯어먹더라도 절대 굴복하지 않을 것"이라고 한 푸틴 대통령의 지적은 틀린 말이 아닙니다. 1990년대 후반 북한은 '고난의 행군'을 거치며 이미 면역력을 길렀으니까요. 사회주의 종주국 소련도 해체 직후 이와 비슷한 상황이었습니다. 서방 언론은 모스크바 시민들이 식량난으로 겨울을 넘기지 못할 것이라고 대서특필했습니다. 그렇지만 주변에 굶어 죽었다는 사람은 없었습니다. 소련 전문가 제프리 삭스 교수는 '막상

공동경비구역JSA, Joint Security Area
한반도 비무장지대DMZ 내 판문점 지역에 있는 남북 공동 경비구역. 이곳은 남북한 간 회담이 이루어지는 장소로, 양측의 군인들이 함께 경비를 서는 특수한 지역이다.

공동경비구역 안에는 군사정전위원회 본회의장을 비롯하여 북한 측의 '판문각', 유엔 측의 '자유의 집' 등 10여 채의 건물이 들어서 있다.

소련이라는 나라를 해부해 보니까 예상과는 전혀 다른 생체 구조를 가지고 있더라.'라고 실토했습니다. 그런데 북한은 소련보다도 더 폐쇄된 나라입니다. 지정학적으로 사회주의 맹방인 중국·러시아 변방의 산악지대에 있습니다. 서방 세계와는 거의 1세기 동안 단절됐습니다. 1990년대 동구 공산권과 소련이 해체될 때 북한도 당연히 무너질 것으로 예상했으나 오판이었습니다. 김씨 왕조가 3대째 이어지고 있습니다.

북한은 한국 국민이 가장 잘 알면서도 가장 모르는 나라입니다. 워싱턴 정가에서는 북한 인구의 0.1퍼센트밖에 안 되는 탈북민 3만 5000여 명, 그중에서도 몇몇 인사의 말을 신뢰합니다. 특히 인권 문제만 골라 편식하는 경우가 적지 않습니다. 최근에 탈북한 고위 외교관에게 김정일의 출생지를 물어본 적이 있었습니다. 그는 백두산 밀영으로 알고 있었습니다. 또 다른 탈북 외교관은 주민의 과반수가 남한 사회를 동경하고 있어 북한 체제가 곧 붕괴할 것처럼 증언했습니다. 남한의 보수층에서 늘 제기해 왔던 '갑작스러운 체제 붕괴론'에 대한 무의식적 반응이었을까요?

남북한은 분단된 상황에서도 전 세계의 주목을 받을 만큼 괄목할 만한 성장을 이루었습니다. 남한은 2021년부터 명실상부한 선진국으로 등극했습니다. 3대 세습 사회인 북한은 핵무기를 개발하는 저력을 과시했습니다. 일반적으로 강대국 부상을 위한 전제 조건으로서 일정 규모의 영토와 1억 명 이상의 인구를 꼽습니다. 부존자원이 많으면 금상첨화지요. 그러나 남북한은 이러한 조건을 갖추지 못했습니다. 지금이라도 통일이 된다면 지하자원이 많은 북한과 함께 인구 1억여 명의 내수 시장을 확보하는 외형적 조건을 충족할 수 있습니다. 통일 비용보다 통일 수익이 훨씬 크다는 것을 알 수 있습니다. 정진호 포항공과대학교 교수는 '통일 비용은 유한 비용이지만 분단 비용은 무한 비용'이라고 설파했습니다. 남북이 협력해 상생 경제를 이룰 때 얻게 될 엄청난 미래 가치가 기다리고 있습니다. 남쪽의 기술력과 북쪽의 숙련된 노동력이 만날 때, 비로소 새로운 경제 도약과 청년들의 새로운 일자리를 창출할 수 있습니다. 특히 북한의 공산사회주의 경험과 남한의 자유민주주의 경험을 조합할 때 전 세계 어느 나라도 할 수 없는 이념 통일을 이룰 수 있습니다. 분단의 아픔을 이제 통일의 기쁨으로 승화시키는 과제만 남아 있습니다.

통상국 通商國

1960년대 여학생들은 머리를 기르는 것이 유행이었습니다. 우리나라 수출 품목의 3위를 차지했던 가발을 만들기 위해서였습니다. 가발 수출 회사들이 전국의 초·중·고·대 여학생 276만여 명을 대상으로 '머리 기르기 운동'을 독려해 달라고 정부에 건의할 정도였습니다. "우리 딸이 앙골라 토끼냐?" 하며 반발하는 학부모도 많았습니다. 그러나 머리카락 값이 치솟자 서민층 여성들이 너도나도 머리를 싹둑 잘라 내다 팔았습니다. 최근 북한이 유엔 제재의 예외품목인 임가공 가발을 중국에 수출하고 있습니다. 북한의 중국 수출품 1위가 가발·속눈썹 제품입니다. 우리나라는 자원 빈국으로서 원자재를 수입하기 위해 외화를 벌어야 했습니다. 그때 여성들의 머리카락이 큰 역할을 했습니다. 1964년에 1억 달러에 불과하던 수출 규모가 2023년 말 현재 6327억 달러입니다. 6327배가 는 셈입니다. 하지만 우리나라의 무역의존도는 75퍼센트로 세계 2위입니다. 에너지는 100퍼센트 수입합니다. 이러한 악조건을 딛고 세계 10위권 경제 대국으로 성장했습니다.

최근 세계 각국이 보호무역주의 장벽을 높이 쌓아 올리고 있습니다. 특히 미중 무역 갈등이 심화함에 따라 수출 주도형 경제 성장을 추진해 온 우리나라로서는 큰 타격이 될 수 있습니다. 게다가 러시아-우크라이나 전쟁으로 시작된 서방의 대러 제재에 한국이 동참함에 따라 미일 주도의 G7과 중러 주도의 브릭스 간 경제 전쟁이 격화하고 있습니다. 2025년 기준 브릭스 10개 회원국의 인구는 약 38억 8200만 명으로 세계 인구 80억 2500만 명의 48.4퍼센트를 차지하며, 구매력평가PPP 기준으로 GDP 규모는 2017년부터 G7을 추월했고 현재 66조 달러를 상회해 전 세계의 35.8퍼센트에 달합니다. 브릭스는 2024년 10월 카잔회의에서 13개국에 파트너국partner countries 지위를 부여했습니다. 출산율 저하로 내수 시장이 위축되고 무역의존도가 높은 한국으로서는 이 거대 소비 시장을 놓쳐서는 안 됩니다.[14]

브릭스가 G7에 비해 구심력이 약하다는 견해도 있습니다만, 그것은 오판입니다. 무엇보다도 냉전 당시에 제국주의를 반대한 비동맹회의 회원국들이 산파 역할을 했습니다. 인도, 중국, 러시아 중심의 브릭스는 미국의 단일 패권에 반기를 들었습니다. 특히 다극

브릭스BRICs

2009년 6월에 출범한 신흥 경제국 연합체로 브라질, 러시아, 인도, 중국을 묶어 지칭한 용어. 2010년 남아프리카공화국이 가입하면서 공식적인 연합체로 발전했다. 매년 정상회의를 개최해 각국의 협력 방안을 모색하고 있다. 최근 회원국을 확대하며 경제 연합체를 넘어 정치적·군사적 협력까지 아우르는 포괄적인 연합체로 발전하고 있다.

러시아

중국

이집트   이란

인도

아랍에미리트

에티오피아

인도네시아

브라질

남아프리카공화국

2024년 러시아 카잔에서 제16차 브릭스 정상회의가 개최되었다. 2025년 1월 현재 브릭스 정식 회원국은 브라질, 러시아, 인도, 중국, 남아프리카공화국, 이란, 이집트, 에티오피아, 아랍에미리트(UAE), 인도네시아 등 총 10개국이다.

질서를 외치면서 탈달러화에도 한목소리를 내고 있습니다. 회원국 간 결제 수단을 달러가 아닌 디지털 화폐로 전환 중입니다. 이미 러시아와 중국은 무역 대금의 80퍼센트를 위안화와 루블화로 결제하고 있습니다. 더 나아가 군사 안보적으로도 결속을 강화하고 있습니다. 브릭스 정상회의에서 유엔의 운영 방식을 바꿔야 한다는 결의안을 채택했습니다. 그 중심에 유엔안보리 상임이사국인 러시아와 중국이 있습니다. 글로벌 무역 환경은 부자 나라의 보호무역주의 강화와 브릭스 회원국의 세券 결집으로 위기를 맞고 있습니다. 이러한 위기를 타개하기 위해 기존의 단일 경제 권역에 안주하지 말고 무역 파트너를 다변화해야 한다는 목소리가 높습니다.

우리나라의 지경학적 위협 요소는 이제까지 전쟁입니다. 그러나 전쟁보다 더 위협적인 것은 지구온난화입니다. 주요 수산물과 농작물의 재배 적지가 계속 북상 중입니다. 북극의 만년 빙하와 시베리아의 영구 동토가 급속히 녹아내리면서 가장 눈에 띄는 것은 북극 항로의 상업적 이용이 가능해졌다는 점입니다. 현재 진행 중인 중동 전쟁으로 지중해와 인도양을 직접 잇는 홍해 항로의 군사적 긴장감이 높아지고 있습니다. 중동 전쟁으로 올리브 식용유 가격이 갑자기 100퍼센트 인상됐습니다. 아시아-유럽, 북미-유럽 어느 쪽으로도 자유롭게 이동할 수 있는 북극 항로가 '얼음 위의 실크로드'로 주목받고 있는 이유입니다.

이러한 글로벌 환경의 변화와 함께 러시아는 신동방 정책을 추진하고 있습니다. 푸틴 대통령은 2019년 4월 북한 김정은 위원장과의 블라디보스토크 정상회담 후 기자회견에서 '철도, 가스관, 전력망 등 남북한-러시아 3통 사업이 한국 때문에 진행되지 않고 있

신동방 정책
푸틴의 신동방 정책은 대서양에서 아시아·태평양 지역으로 문명의 중심축이 이동하고 있다는 현실 인식에서 출발한다. 중국을 비롯한 아태 지역 국가들의 성장 에너지를 흡수해 낙후된 극동 지역을 개발하고, 역내 국가들과의 호혜적인 협력 관계를 구축함으로써 러시아의 지경학적·지전략적 국익을 실현하려는 실용주의적 정책 지향성을 담고 있다.

다.'라고 지적했습니다. 러시아는 경제 신화를 이룬 한국을 아태 지역에서 경제적 '기회의 창'을 제공하는 최적의 파트너로 인식하고 있습니다. 지리적 근접성, 탄탄한 경제력, 숙련된 노동력, 선진화된 기술력, 상호 보완적 경제 구조 등을 꼽습니다. 러시아 국민들은 삼성 핸드폰의 알람 소리에 눈을 뜨고, 경동보일러로 데운 물로 샤워를 하고, LG 냉장고에서 요구르트를 꺼내 아침 식사를 마친 후 상트페테르부르크 현대 공장에서 생산한 승용차로 출근하는 것이 일상입니다. 우리나라도 수교 이후 기술과 자원이 풍부한 러시아 경제와 상호 보완관계를 구축해 왔습니다. 중국과 일본이라는 부담스러운 존재 사이에 자리한 한국으로서는 역내의 세력 균형 측면에서 러시아의 아태 지역 진출을 제어할 하등의 이유가 없습니다.

우리나라의 선진국 부상은 1990년 노태우 정부의 북방외교에 힘입어 사회주의권으로 경제 영토를 확장했기 때문에 가능했습니다. 그동안 북한에 대한 전략적 우위 확보라든가 한반도의 평화와 안정, 북핵 문제, 통일 등 주로 하드 파워 영역에서 러시아와의 협력에 비중을 두었습니다. 그러나 문화·예술·우주과학 등 소프트 파워 영역에서도 양국 간 협력 공간은 무궁무진합니다. 러시아의 적극적 지원으로 2006년 반기문 유엔 사무총장이 피선되고, 2013년 5월에는 북극이사회 정식 옵서버 지위를 획득했으며, 2018년 국제철도협력기구OSJD에 가입하는 외교적 성과를 거두었습니다. 러시아-우크라이나 전쟁 이후 변화하는 글로벌 세력 판도를 고려할 때,

북방의 러시아가 통상국인 한국의 국가적 번영과 민족적 도약에 기여하는 다양한 경제적 기회의 창을 열어 줄 수 있습니다.

> 북방정책은 가치를 넘어
> 생존의 문제요, 북방으로 향한 길은
> 선택이 아니라 필수입니다.

4

"

북으로
창을
내겠소

"

북방이라는
지향점

1988년 서울올림픽은 전 세계 화합의 장이 됐습니다. 2년 뒤 한국은 사회주의 종주국 소련과 수교하고, 그 후 2년 뒤 중공과 수교했습니다. 노태우 정부의 북방정책은 가히 혁명적이었습니다. 북방외교의 기수는 북한으로도 향했습니다. 남북한 유엔 동시 가입, 남북 기본합의서 채택, 한반도 비핵화 공동선언으로 가속 페달을 밟았습니다. 그러나 북한은 맹방인 러시아·중국을 잃어 고립무원이었습니다. 심각한 식량난에 의한 '고난의 행군'으로 붕괴 일보 직전에 이르렀습니다. 그런 북한이 다시 일어섰고 이젠 가공의 핵무기까지 가졌습니다. 그럼에도 북방외교는 성공한 외교정책이었습니다. 러시아·중국과 수교하지 않았다면 오늘날 세계 10위권의 경제 대국으로 부상할 수 있었을까요?

미완의 북방정책은 진보와 보수를 떠나 우리 정부의 핵심 대외정책이 될 수밖에 없었습니다. 역대 정권은 이름만 달랐지 모두 북방을 염두에 둔 외교 정책을 펼쳤습니다. 북방정책이 어느 한 정

신북방정책 로드맵

출처: 북방경제협력위원회(2019), "길을 열면 시대가 열린다: 신북방정책의 전략과 중점과제", 북방경제협력
위원회 분과회의 발표자료(2019. 6. 14), 《동북아 초국경 협력 사회연대경제에 길을 묻다》에서 재인용.

권의 전유물일 수 없습니다. 앞으로도 분단의 영구화를 원하지 않
는 한 선택의 여지가 없습니다. 무엇보다도 분단국으로서 북한 동
포를 외면할 수 없고, 광활한 유라시아 대륙과 새로 열린 북극해
로 진출해야 할 지정학적 숙명 때문입니다. 문재인 정부의 신북방
정책은 이의 연장선상이었습니다. 대통령은 취임 직후인 2017년
9월 블라디보스토크 동방경제포럼에서 신북방정책을 천명했습니
다. 아울러 이 정책을 총괄할 전담 기구로서 대통령 직속으로 부총

리급 북방경제협력위원회를 설치했습니다. 북방경제협력위원회의 협력 대상은 러시아, 중국 및 흑해 연안의 조지아에 이르는 유라시아 대륙 14개국이었습니다. 공간적·역사적으로 지구의 반을 가르는 실크로드 길목에 있는 나라들입니다. K-팝, K-방역, K-경제에 열광하는 나라와 국민들입니다. 또한 군사·경제적으로 유라시아 내 영향력이 지대한 러시아와 중국이 버티고 있습니다. 두 나라는 북극·북태평양에서 소련 당시에도 없었던 대규모 합동군사훈련을 매년 실시하고 있습니다. 평화 없는 경제 협력은 기대할 수 없습니다.

블라디보스토크 외곽의 볼쇼이카멘에 자리 잡고 있는 '즈베즈다' 조선소는 최근 명칭 그대로 '별'이 빛나는 항구로 변신하고 있습니다. 북극 항로를 따라 길게 늘어선 사할린섬에는 수소 클러스터가 조성 중입니다. 풍력과 조력 등 신재생에너지 15퍼센트를 사용해 클린수소를 생산할 수 있습니다. 2050년 탄소제로를 선포한 우리나라로서는 최적의 파트너입니다. 극동의 내륙 지역도 마찬가지입니다. 입주 업체에 각종 세제 혜택을 주는 '선도개발구역'이 23개로 늘어났습니다. 러시아 기업인 '루스 아그로'가 대단위로 곡물을 재배 중이고, 10헥타르 규모의 온실 원예 단지 '로터스 스마트팜'이 24시간 불을 밝히고 있습니다. 극동 주민들의 자급자족이 가능하

탄소제로 Carbon Zero
온실가스 배출량을 완전히 없애거나 배출된 탄소를 흡수하는 방식을 통해 실질적인 탄소 배출량을 '0'으로 만드는 환경 정책과 목표. 기후변화 대응의 핵심 목표 중 하나다.

도록 30헥타르까지 확장 중입니다. 우리 기업의 연해주 농업 진출은 안전한 먹거리와 미래의 식량 안보를 보장할 수 있습니다. 무엇보다도 유전자변형GMO 농산물을 허용하지 않는 나라가 러시아입니다. 또한 그동안 방치됐던 북중러 접경 하산 지역도 관광 클러스터 조성에 박차를 가하고 있습니다. 1991년 출범한 유엔의 두만강지역개발계획에 소극적이던 러시아가 발 벗고 나선 것입니다. 이곳은 생태의 보고이자 역사·문화 유적지입니다. 우리 선조들이 최초로 정착하고 일제 치하에서 항일 투쟁을 벌인 성지입니다. 다만 교통 인프라가 열악해 타는 목마름으로 투자를 기다리고 있습니다. 현재 연해주는 표범 국립공원, 발해 염주성, 두만강변 연꽃호수 같은 관광 인프라 구축에 매진하고 있습니다. 북방경제협력위원회는 2022년 3월 1일 러시아 측과 이 지역을 국제관광 클러스터로 조성하기 위해 자유경제특구 지정을 준비했으나 러시아-우크라이나 전쟁 때문에 보류해야 했습니다.

시인 김상용은 암울했던 일제 치하 상황에서 〈남으로 창을 내겠소〉라는 시로 피압박민의 가슴을 활짝 펴게 했습니다. "강냉이가

두만강지역개발계획TRADP, Tumen River Area Development Programme
1992년에 유엔개발계획UNDP 주도로 출범했으며, 2005년에 광역두만강개발계획GTI, Greater Tumen Initiative으로 확대됐다. 북한은 2009년 국제 사회의 경제 제재에 대한 불만으로 탈퇴했으나 광역두만강개발계획은 총회를 지속적으로 개최하고 있다.

자유경제특구FEZ, Free Economic Zones
외국 자본 유치를 촉진하고 지역 경제를 활성화하기 위해 정부가 지정하는 특별 구역. 다양한 경제적 혜택을 주고 규제를 완화해 기업과 투자자들이 자유롭고 효율적으로 사업을 운영할 수 있게 함으로써 그 성과를 타 지역으로 확산하려는 목적으로 지정한다.

익걸랑 함께 와 자서도 좋소. 왜 사냐건 웃지요." 이렇게 억압받은 국민을 위로하면서도 낙천적인 여유를 선사했습니다. 대한민국은 일제로부터 해방됐지만 남북으로 분단됨으로써 민족의 비애는 여전히 진행형입니다. 분단의 고통을 극복하고 민족의 기상을 펼치기 위해 가야 할 지향점은 북방입니다. 북방정책은 가치를 넘어 생존의 문제요, 북방으로 향한 길은 선택이 아니라 필수입니다. 북으로 창을 내야 합니다.

북방에
살얼음 낀다

대한항공KAL 기내에서 더는 컵라면을 먹을 수 없습니다. 2024년 8월 15일부터 일반석 승객을 위한 컵라면 서비스가 중단됐기 때문입니다. 난기류 때문에 기체가 크게 흔들리면 뜨거운 컵라면이 쏟아져 사고가 날 수 있으니까요.[15] 지구온난화로 인한 이상 기후를 피부로 느끼는 실생활의 단면입니다.

농수산물 한계선도 빠르게 북상하고 있습니다. 국민 생선인 명태와 대구는 동해안에서 멸종 위기입니다. '오징어 창고'로 불리는 동해(울릉도) 어획량이 크게 줄었습니다. '금金징어'를 넘어 '없징어'라는 푸념까지 나옵니다.[16] 그 흔한 도루묵도 어획량이 절반으로 줄어 '말짱 도루묵' 축제가 되고 말았습니다. 국민 과일인 사과 산지가 대구·경북에서 강원도 양구로 북상하면서 재배면적이 35.4퍼센트 급감했습니다. 포도는 경북 김천에서 강원도 영월로, 단감은 경남 김해에서 경북 칠곡으로 이사 중입니다. 매년 축구장 1200개 크기의 과일 산지가 증발하고 있습니다.[17]

또 다른 진풍경은 농민들의 '집단 이주' 행렬입니다. 과일만 북으로 이사할 수 없으니 농부들도 이삿짐을 쌉니다. 남부 지역에서 자라던 과일이 북쪽 동네로 이사하는 동안에 해외에 살던 과채류는 한국으로 '이민' 옵니다. 망고는 제주를 찍고 통영까지 이사했습니다. 고랭지 배추도 예외가 아닙니다. 약 10년간 재배면적이 50.2퍼센트 급감했습니다. 2070년에는 강원도를 떠나 개마고원에서 사과를 재배해야 할 것으로 전망합니다. 반면 열대 과일인 애플망고는 제주도, 올리브는 전남 고흥과 강진에서 재배됩니다. 지금 추세라면 2030년이면 부산 해운대와 인천공항이 물에 잠긴다는 것이 환경단체 그린피스의 경고입니다.

기후위기는 '기후'만의 위기가 아닙니다. 해수면 상승과 해안 도시의 지반 침하, 강물의 범람과 고갈, 식량과 농업 위기, 각종 질병 창궐, 심지어 핵폐기물 방사능이 방출될 가능성도 있습니다.[18] 빌 맥과이어의 저서 《찜통 지구 Hothouse Earth》에서는 지진·화산 등 지각활동의 증가까지 포함해 인간의 '서식지' 전체를 뒤흔들어 버리는 총체적 위기를 경고합니다. 이러한 변화는 지구적 산업문명의 근간을 흔들며, 전 세계적으로 수억 명에 달하는 유랑민들이 떠돌게 됩니다.[19]

안토니우 구테흐스 유엔 사무총장은 "온난화warming의 시대가 끝나고 열화boiling의 시대가 왔다."라며 걱정합니다. 지금까지 금과옥조처럼 여겨온 '평균기온 1.5도 상승 예방 목표'는 이미 실패했고,

1981년 유네스코 자연유산으로 지정된, 남미대륙 아르헨티나의 페리토 모레노 빙하(Glaciar Perito Moreno)가 기후변화의 영향으로 빠르게 녹고 있다.

이 목표를 달성하기 위해서는 인류 전체가 2030년까지 현재의 탄소 배출량을 45퍼센트 감축해야 합니다. 그러나 현재의 추세를 볼 때 오히려 탄소 배출량이 14퍼센트 상승할 것으로 전망하고 있습니다. 특히 북극의 가열 속도는 지구 전체의 4배에 이릅니다. '탄광 속 카나리아'인 북극 빙하가 빠른 속도로 녹아내리고 있습니다. 최근 10년마다 13퍼센트 비율로 사라지고, 2040년경에는 얼음 없는 여름이 올 것으로 관측합니다. 시베리아의 영구동토층에서는 좀비가 소생합니다. 수만 년 동안 죽지 않고 얼어 있다가 살아나 심지어 자손까지 퍼뜨립니다.[20] 코로나19 팬데믹으로 약 2년간 1800만여 명이 사망했습니다. 앞으로 얼마나 많은 인류가 제2의 코로나로 사망할지 예측할 수 없습니다. 이렇듯 기후변화가 지구를 '한 번도 경험해 보지 못한' 영역으로 몰아가고 있습니다. 그 섬찟한 경고에도, 온난화를 늦출 G20의 화석연료 사용감축 협상은 쉽게 합의되지 않고 있습니다. 특히 트럼프 대통령이 취임하자마자 파리기후변화협약을 탈퇴하는 것은 안타까운 일입니다. 기후재앙에 관한 우리의 인식은 그만큼 낮고 행동의 절박성도 부족합니다. 지구는 우리 세대의 전유물이 아닌, 다음 세대도 살아갈 '하나뿐인 존재'입니다. 유엔기후변화협약 사이먼 스틸 사무총장은 "지구를 구할 시간은 2년밖에 남지 않았다."라고 경고했습니다.

유엔기후변화협약UNFCCC, UN Framework Convention on Climate Change
1992년 온실가스 배출 감소와 환경 보호 등 기후변화 문제에 대응하기 위해 전 세계 국가들이 참여하고 있는 유엔의 국제협약. 파리협정, 교토의정서 등도 이 협약의 연장선이다.

북방에
싸움판 났다

21세기 벽두부터 북극과 북태평양이 뜨겁게 달아오르고 있습니다. 지구온난화만이 원인이 아닙니다. 주변국 간 각축전이 가열되고 있습니다. 먼저 북극입니다. 오랫동안 눈과 얼음으로 뒤덮인 '동토'는 군사 강국들이 이 지역을 거쳐 다른 대륙을 넘나들지 못하게 하는 전략적 완충 지대 역할을 했습니다. 미국 지질조사국에 따르면, 북극권에는 전 세계 미개발 천연가스의 30퍼센트, 석유의 13퍼센트가 잠자고 있습니다. 그래서 북극에 영토를 가진 러시아, 캐나다, 덴마크, 핀란드, 아이슬란드, 노르웨이, 스웨덴, 미국 등 8개 나라는 1996년 '북극이사회'를 만들어 북극 자원의 평화적이고 지속 가능한 공동개발에 합의했습니다. 그러나 기후온난화로 북극 연안의 자원개발이 가능해지고 북극해로의 연중 개방에 따른 물류 혁명이 시작되면서 연안국들은 북극해 선점을 위한 야욕을 숨기지 않고 있습니다. 21세기의 북극 개발은 20세기의 우주개발 경쟁에 비견되는 블루오션으로 부상하고 있습니다. 마치 19세기 제국들의 식민지 경쟁을 방불케 합니다. 먹거리 많은 곳에 싸움이 일어나는 것은 상식입니다.

그중에서도 주목되는 것은 러시아의 행보입니다. 러시아는 북극 해안선의 53퍼센트를 차지하고 있고 전체 천연가스 생산량의 83퍼센트, 석유 17퍼센트를 북극권에서 생산합니다. 러시아 국내총생산의 20퍼센트가량이 여기서 나옵니다. 1987년 고르바초프 대통령은 '무르만스크 선언'을 통해 북극 항로의 국제 사회 개방, 북극권 자원 공동개발 및 북극 환경 보호를 위한 북극 협력 등을 제안했습니다. 푸틴 대통령은 2007년 북극점 해저 4261미터 지점에 자국 국기를 꽂고 영유권을 주장했습니다. 2011년에는 북극 자원 보호를 명분으로 2개 여단을 새로 주둔시켰습니다. 러시아 정부는 북극에서 자국의 입지를 재확인하는 프로젝트를 최상위 추진 과제로 설정했고, 유엔에도 영유권 확대를 요구하고 있습니다. 심지어는 북극해 70만 평방미터에 군사시설 425개를 건설하고 병력 1000명을 주둔시킴으로써 실효적 지배의 근육질을 키우고 있습니다. 2021년 6월 미러 제네바 정상회담에서 '북극이 러시아 영토'임을 주장한 것에 대해 바이든과 푸틴은 언성을 높이며 뜨거운 공방전을 벌였습니다. 러시아는 2035년까지 북극해 운송량을 2억 7000만 톤으로 올리는 '북극 항로 개발계획'을 발표하고 2023년 3월 새로 채택한 '러시아연방 대외정책개념'에서 북극해를 지역 우선 순위 2위로 격상했습니다. 특히 주목되는 것은 향후 10년 계획으로 360미터 크기의 대형 LNG 운반용 원자력 잠수함 건조에 착수했다는 사실입니다.[21] 당연히 인접국들이 긴장할 수밖에 없습니다.

미국도 2019년 '국방부 북극전략' 보고서를 통해 "미국은 북극 국가다. 북극 안보 환경은 미국 안보 이익과 직결된다."라고 적시했습니다. 2021년 북극 지배 회복을 위한 육군의 전략 계획을 최초로 공개하고 2022년부터 알래스카의 놈Nome 항구에 항공모함, 유람선 등 대형 선박을 정박시킬 수 있는 준설 공사를 진행 중입니다. 2024년 7월에는 캐나다·핀란드와 쇄빙선 협력 협정을 체결했습니다만, 연안국 중에서 가장 준비가 안 된 나라로 알려졌습니다. 미국은 해안경비대용 쇄빙선 12척을 보유하고 있지만 오대호용 9척을 제외하면 북극용 쇄빙선은 3척뿐이며 그나마 운행을 중단하고 있습니다.[22] 트럼프 대통령이 취임하자마자 그린란드를 매입하겠다는 것은 그 위기감을 방증하는 것입니다.

스웨덴과 핀란드는 러시아-우크라이나 전쟁을 계기로 200년간 중립과 군사적 비동맹주의를 뒤로 하고 NATO에 공식 가입했습니다. 이러한 배경은 전쟁에 따른 위협 못지않게 북극을 둘러싼 패권 경쟁 때문입니다. 스웨덴은 북극권 키루나에서 유럽 철광석의 80퍼센트를 생산하고 있고, 유럽의 중국에 대한 희토류 의존도를 크게 낮추고 방위산업 및 에너지 전환을 촉진할 프로젝트를 추진하고 있습니다. 러시아가 콜라반도에 전략 미사일 잠수함 기지를 두고 있어 연안국 간 긴장감을 늦출 수 없는 현실입니다.

중국, 인도, 일본 등 비인접 국가들도 발 빠르게 움직이고 있습니다. 중국은 2018년에 '북극 정책 백서'를 발간하고, 3세대 핵추진 쇄빙선 건조 계획과 빙상 실크로드 강화를 위해 '북극 인근 국가near Arctic state'임을 주장하고 있습니다. 마이크 폼페이오 미국 전 국무장관은 북극이사회 각료회의 연설에서 "오직 북극 국가와 비북극 국가만 존재하며 제3의 범주는 존재하지 않는다."면서 중국의 북극 공세를 견제했습니다. 인도는 2023년 9월 블라디보스토크-첸나이 동부해양회랑Eastern Maritime Corridor 프로젝트를 러시아 측에 제안하고 해양 무역을 위한 조선 프로젝트를 공동으로 추진 중입니다. 모디 총리가 2024년 7월 재선 후 첫 번째로 모스크바를 방문해 2024년부터 2029년까지 극동 지역 무역, 경제 및 투자 협력 프로그램를 체결하고 북극 개발 원칙에 합의했습니다. 일본은 2013년 북극위원회 옵서버로 참여하고 2021년 9월 북극 해역 연구선 미라이-2 건조에 착수했으며, 대러 제재에도 불구하고 사할린-1(지분 30%) 사할린-2(지분 22.5%) 프로젝트 및 북극 LNG-2 프로젝트 지분을 포기하지 않고 있습니다.

그다음은 북태평양입니다. 러시아는 2004년 6월 최초로 유럽 지역 병력을 극동으로 이동시키는 3단계 대규모 기동 훈련인 '동원-2004'를 실시하고, 2009년부터는 '동방' 군사 훈련을 정례화했습니다. 2014년 크림반도 병합에 따른 서방과의 관계 악화로 국토의 균형 발전 및 동북아 국가들과의 경협 확대를 위한 신동방 정책을 공식 천명했습니다. 2018년 9월에는 일주일간 동부군관구 9개 훈련장과 동해·오호츠크해·베링해 일대에서 사상 최대 규모의 전략 기동 훈련인 '동방-2018'을 실시했습니다. 소련 당시의 '서방-1981' 합동 훈련 이후 아시아 지역에서 실시된 가장 큰 규모의 훈련이었습니다. 2022년에는 러시아-우크라이나 전쟁의 소용돌이 속에서도 중국, 인도 등 14개국이 참여한 가운데 북태평양에서 '동방-20022' 군사 훈련을, 2024년 9월에는 중국과 함께 'Ocean-2024' 해상 훈련을 실시했습니다.

미국은 2019년 6월 '인도·태평양 전략' 보고서를 통해 러시아가 인도·태평양 지역에서 정치·경제·군사적 수단을 활용해 자국의 영향력을 확대하면서 법과 원칙의 지배를 무너뜨리는 '해로운 행위자malign actor'라고 비난했습니다. 러시아 메드베데프 안보회의 부의장은 2023년 9월 러시아 유즈노-사할린스크에서 열린 제2차 세계대전 종전 78주년 기념행사에서 "일본의 새로운 군국주의 추진은 아시아·태평양 지역의 안보 상황을 심각하게 복잡하게 만든다."면서 일본의 군국주의 계획을 포기하라고 공격했습니다. 또한 그는 자신의 사회관계망SNS를 통해 일본과 영유권 분쟁 중인 쿠릴열도

쿠릴열도 Kuril Islands
러시아 캄차카반도에서 일본 홋카이도까지 총길이 약 1300킬로미터에 걸쳐 뻗은 56개의 섬으로 구성된 러시아령 도서군. 일본이 제2차 세계대전에서 패한 이후 러시아가 지배하고 있는 쿠릴열도(일본명 지시마열도) 가운데 남단 4개 섬에 대해 영유권을 주장하면서 영토 분쟁이 지속되고 있다.

가 러시아 영토라고 주장하며 SNS에 사무라이가 할복하는 사진까지 게재해 일본의 대러시아 제재 참여에 대한 강한 반감을 표시했습니다.

우리나라는 지금 남태평양에서 진행되는 미중일의 영토 분쟁에 대해 왈가왈부할 때가 아닙니다. 바로 한반도 머리 위에서 진행되고 있는 북극·북태평양 헤게모니 쟁탈전에 긴장해야 할 때입니다. 일본의 재무장화가 강화되면 러일 간 충돌은 불가피합니다. 우리나라는 미일과 연대하려다 러일 간 각축전의 희생물이 될 수 있습니다. 역사적 실수를 반복해서는 안 됩니다.

북방에
살어리랏다

자연의 섭리는 거역할 수 없습니다. 지구온난화로 농수산물의 북방 이동이 점점 빨라지고 있습니다. 그 뒤를 따라 사람의 이동이 시작됩니다. 농업 종사자는 농사를 짓기 위해, 수산업 종사자는 고기를 잡으러 북방으로 향합니다. 연쇄적으로 동남아 출신들의 한국행 행렬이 이어집니다. 코리안 드림 때문입니다. 2024년 여름부터 '필리핀 이모님' 100명이 한국의 가사관리사 자격으로 입국했습니다. 한국의 다문화 가정은 갈수록 늘고 있습니다. 북방의 길은 생존을 위한 인류의 대이동을 예고합니다. 왜 그럴까요?

첫째, 먹고살기 위해서입니다. 북방에는 에너지, 곡물, 수산물 자원이 풍부합니다. 러시아는 세계 160개국 이상에 농산물을 수출하고 있습니다. 특히 식물성 기름 수출은 세계 2위, 곡물 수출은 세계 3위를 자랑합니다. 최근 북한이 러시아산 쌀과 밀과 옥수수를 대량으로 수입함에 따라 중국산 곡물 수입이 대폭 감소했습니다.[23] 수산물도 마찬가지입니다. 러시아는 세계 5대 어업국입니다. 한국인의 식탁을 책임지는 주요 수산물을 안정적으로 공급할 수 있는 어장을 보유하고 있습니다. 자원 빈국인 한국으로서는 미래의 성장·번영과 결부된 러시아의 지경학적 가치를 과소평가할 수 없습니다.

둘째, 오가는 길이 열리고 있습니다. 북극 항로와 철의 실크로드는 21세기 물류 혁명의 상징입니다. 북극 항로는 유럽-한국을 잇는 최단길입니다. 시베리아 횡단열차는 한국의 최남단 항구 도시가 출발점과 도착점이 되는 '철의 실크로드'입니다. 부산-로테르담 간 수에즈운하 이용 시 2만 2000킬로미터로 40일, 북극 항로는 1만 5000킬로미터로 30일이 소요됩니다. 현재는 8개월 정도만 운행할 수 있지만 2030년에는 연중 가능합니다. 무역의존도가 높은 우리나라로서는 북극 항로 선점에 최우선적인 관심을 가져야 합니다. 현재 진행 중인 중동 전쟁으로 지중해와 인도양을 직접 잇는 홍해 항로의 군사적 긴장감이 높아지면서 북극 항로가 새로운 '빙상의 실크로드'로 주목받고 있습니다. 중국과 인도조차도 동부해양회랑을 준비 중입니다. 또한 북한과 러시아 사이에는 두만강 하류를 통과하는 새로운 자동차 전용 다리가 건설됩니다. 기존의 러북 간 철교에 이어 다리가 하나 더 늘어나는 셈이지요.

셋째, 원천 기술을 상용화할 수 있습니다. 러시아는 과도한 자원 의존형 경제 구조에서 탈피하기 위해 연구개발R&D에 투자를 확대하고 혁신산업 육성을 통해 산업 다각화를 추진하고 있습니다. 앞으로 우리나라 경제를 먹여 살리는 차세대 또는 차차세대의 성장

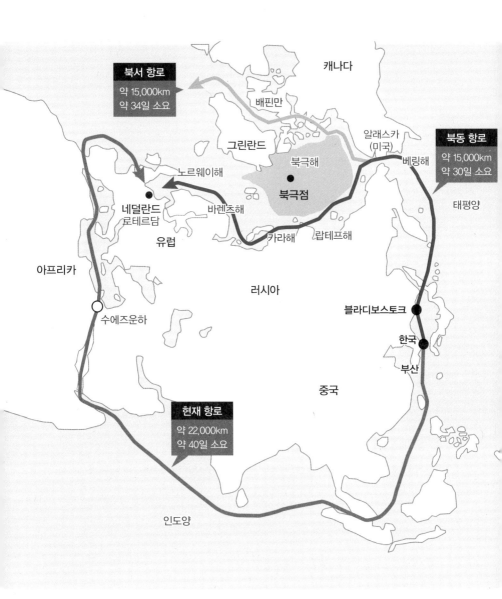

북극 항로

동력 산업을 발굴하기 위한 원천 기술을 획득할 수 있습니다. 나로호 우주 발사체는 러시아의 도움으로 가능했습니다. 한국항공우주연구원이 처음에는 미국, 캐나다, 영국 등 서방 우주 선진국과 협력을 시도했으나 러시아보다 6배 이상의 대가를 요구했습니다. 현무, 신궁, 천궁 등 한국형 미사일도 러시아의 원천 기술을 이용해서 개발한 것입니다. 러시아의 전략적 가치는 자주국방 강화를 위한 첨단 방산 기술 획득 차원에서도 과소평가할 수 없습니다. 한국은 그동안 대러 경협차관 상환 일환으로 서방으로부터 제공받지 못한 방산 신기술을 습득했습니다. 한국 미사일 기술의 고도화, 방위산업 성장과 선진화, 세계 무기 시장 점유율 확대 등에서 러시아의 공헌이 컸다는 점을 부인할 수 없습니다.

넷째, 러시아-우크라이나 전쟁 전후복구 건설시장입니다. 종전 후 파괴된 인프라 및 산업 시설 재건을 위한 대규모 건설시장이 열립니다. 우리 국토부는 2022년 7월 우크라이나 대표단과 마리우폴 등 재건 사업을 추진하기로 합의했습니다. 그러나 마리우폴은 러시아가 점령 직후부터 재건 사업에 들어갔습니다. 지금은 학교 등 공공시설이 완공되어 입주했습니다. 한편 우크라이나 전후복구 사업에 참여한 우리 기업은 건설 수주는커녕 건설 자재 일부를 납품하는 수준에 머물고 있습니다. 파병까지 했던 이라크에도 우리 기업의 참여가 실망스러웠다는 교훈을 반추해 볼 필요가 있습니다. 복구의 핵심 지역은 러시아 점령의 동남부 4개 주와 쿠르스크주입니다. 양국 간 치열한 공방전이 있었던 그 지역 복구 사업에 우선적으로 관심을 가져야 합니다. 아울러 상이군에 대한 재활치료 및 의료설비도 좋은 협력 대상입니다.

다섯째, 틈새시장이 열려 있습니다. 러시아와 중국은 사회주의 우방국이면서도 경쟁국입니다. 러시아는 중국과 협력하면서도 경제 대국인 중국의 과도한 경제적 진출을 우려합니다. 인구가 적은 시베리아·극동 지역이 중국의 인해전술로 먹힐까 노심초사합니다. 러시아로서는 지리적 근접성, 강한 근육질의 경제력, 숙련된 노동력, 최첨단의 기술력, 경제 구조의 상호보완성 등 모든 것을 종합해 볼 때 한국만큼 바람직한 경제 파트너도 없습니다.

여섯째, 돈으로 환산할 수 없는 무형의 가치가 있습니다. 우리의 머리 위 북방에는 러시아, 중국, 북한 등 핵 보유 3국이 포진하고 있습니다. 러시아의 가공할 핵무기 전력은 한국의 안보적 경계 대상이지만, 다른 한편으로는 한반도에서의 전쟁 가능성을 억제하는 안전판 역할도 할 수 있습니다. 유엔 안전보장이사회의 상임이사국인 중국과 러시아의 협력 없이는 북핵 문제를 해결할 수 없습니다.

러시아는 역사적으로나 지정학적으로나 국익 차원에서 볼 때 주변 4강 중에서 한반도 통일을 지지하는 나라입니다. 21세기의 북극·북태평양 시대를 맞아 통일 한국이 러시아에 주는 반사이익이 적지 않기 때문입니다. 극동 및 북극 연안 개발의 견인차 역할을 할 수 있는 남북한-러시아 간 철도 연결, 가스관 설치 및 전력망 구축

등은 러시아가 지속적으로 갈망해 온 대형 프로젝트입니다. 한국과 러시아는 러일 관계처럼 해묵은 난제로 복잡하게 얽혀 있지 않고, 러중 관계처럼 지리적 인접성과 인구 비대칭성에 따른 경계 우려도 없습니다. 러시아는 남북한에 대해서도 갈등이 아닌 평화적 공존을 위해 균형된 입장을 유지해 왔습니다. 그러나 유감스럽게도 러시아-우크라이나 전쟁을 계기로 양국 간 관계가 최악입니다.

전후 한러 관계 복원을 위한 구체적인 로드맵을 서둘러 준비해야 합니다. 정부 차원에서는 한러경제공동위원회를 재개하고, 민간 차원에서는 북방경제협력위원회가 주관하던 북방포럼과 한러 지방협력포럼 등 플랫폼을 우선적으로 복원해야 합니다. 한반도 문제 해법은 남북한 민족 내부의 의지와 주변국 간 역학관계를 절묘하게 조화시키는 '줄탁동기啐啄同機'의 외교적 지혜를 요구합니다. 맹목적인 이념 논쟁에 부화뇌동할 것이 아니라 역내 갈등을 해소하고 동북아 평화를 주도해야 합니다.

"

꽃 한 송이 한 송이가 모여서 꽃밭을 이루듯이,
함께 꾸는 꿈은 인류 역사의
거대한 물결을 이룹니다.

5

"
린치핀 코리아
Linchpin Korea
"

높이지는
대한민국의 위상

2024년 7월 중순이었습니다. 미국 애틀랜타 국제 공항의 셔틀 열차 안에서 안내문이 한국어로 표시된 것을 보면서 감개무량했습니다. 그것도 에스파냐어, 중국어에 이어 세 번째이고, 그다음이 일본어였습니다. 제국주의 국가였던 에스파냐만 해도 과거 식민지의 에스파냐어 사용 인구가 많고, 중국도 대만과 전 세계 디아스포라까지 합하면 아주 많은 중국어 사용 인구가 있습니다. 그에 비하면 한국은 남북한을 합해도 1억 명이 안 되고, 북한은 국제 사회와 단절돼 있는 탓에 한국어는 5000만 명밖에 사용하지 않는 소수민족 언어입니다. 그러니 1억 2500만 명의 사용자가 있는 일본어가 한국어에 밀린 셈입니다. 일제강점기에 '한글 말살 놀이카드'까지 만들어 우리말을 탄압했던 일본의 만행을 생각하면 격세지감을 느낍니다.

디아스포라diaspora
특정 민족이 기존에 살던 땅을 떠나 다른 지역으로 이동해 형성된 집단을 일컫는 말. '흩뿌리거나 퍼트리는 것'을 뜻하는 그리스어 διασπορά에서 유래했다.

애틀랜타 국제 공항의 셔틀 열차 안에서 볼 수 있는 안내문

한국행 항공편을 알아보려고 안내 데스크에 다가서니까 안내 직원이 "안녕하세요."라며 우리말로 반겼습니다. 델타항공사 앞에서 줄을 서 있는데 통로 맞은편 광고판에 낯익은 남성 모델이 눈에 들어왔습니다. 광고 우측 상단에 'SON HEUNG-MIN(손흥민)'이라고 적혀 있었습니다. 전 세계 어디를 가더라도 유치원생들까지 "안녕하세요. 감사합니다."라고 우리말로 인사를 건넵니다. 중앙아시아 오지에서도 BTS를 모르는 청소년이 없을 정도입니다. 심지어 북한에서도 BTS 아미(팬)들 때문에 반동사상문화배격법과 청년교양보호법 등을 제정해 청년들에 대한 사상 통제를 강화하고 있습니다.

1989년 영국 유학 때였습니다. 1988 서울올림픽으로 대한민국의 위상이 꽤 높아지긴 했으나 여전히 아시아 개발도상국 이미지에서 벗어나지 못하던 때였습니다. 한번은 가족들과 스코틀랜드로 여행을 갔습니다. 펜션에서 밥과 김치를 먹고 있는데, 문밖에서 웅성거리는 소리가 들렸습니다. 투숙객들이 고약한 냄새가 난다면서 인상을 찌푸리고 있는 것이었습니다. 야만인 취급을 당한 것 같아 얼굴이 확 달아올랐습니다. 그날 이후로 외출할 때는 김치를 먹지 않았습니다. 그런데 요즘은 한국의 김치가 세계적 브랜드가 됐습니다. "한국! 너 많이 컸구나." 하는 감탄사가 절로 나옵니다.

2024년 제33회 파리올림픽에서 우리나라 선수들이 예상외로 많은 메달을 획득했습니다. 주역은 모두 2030세대들입니다. 일제에 항거한 식민 세대도 아니고, 가난한 나라의 개도국 세대도 아니고, 독재 권력과 싸운 민주 세대도 아닙니다. 그들은 내가 잘되는 것이 나라가 잘되는 것이라는 생각을 했을까요? 아니겠지요. 그저 좋아서 즐겁게 열심히 했을 뿐입니다. 이러한 열정이 모여 선진국의 위상에 맞는 메달을 우리 국민에게 선사한 것입니다. 그리고 얼마 지나지 않아 한강 작가가 2024년 노벨 문학상 수상자로 선정됐습니다. 한강의 기적이요, 한글의 승리이며, 한민족의 영광입니다. 노벨 문학상 원작을 한글로 읽을 수 있다는 사실만으로도 얼마나 가슴 뿌듯한 일인지 모르겠습니다.

대한민국은
선진국

우리나라는 정말로 국민들이 의식하지 못한 사이에 선진국으로 부상했습니다. 선진국도 그냥 선진국이 아닙니다. 전 세계에서 제국주의를 하지 않은 유일한 선진국입니다. 아울러 OECD의 '지원받는 나라'에서 '지원하는 나라'로 최단기간 내 탈바꿈한 나라입니다. 지구촌 어디를 가더라도 우리 국민을 대하는 태도가 수십 년 전과는 사뭇 다릅니다. 우리나라는 전 세계에서 유례를 찾아볼 수 없을 정도로 산업화와 민주화와 세계화를 동시다발적으로 이룩한 나라입니다. 지난 1세기 동안에 식민통치, 분단, 전쟁, 가난, 독재 등 온갖 도전을 극복하고 우뚝 섰습니다. 마침내 2021년 7월 유엔무역개발회의에서 공식적으로 인정한 선진국이 됐습니다.[24]

1945년 광복 후 5년 만에 동족상잔으로 폐허가 된 대한민국이 70여 년 만에 선진국으로 도약한 것은 우연이 아닙니다. 박정희 대통령

유엔무역개발회의UNCTAD, United Nations Conference on Trade and Development
1964년 설립된 유엔의 정부 간 협의체. 개발도상국의 경제 개발 촉진과 남북 문제의 경제 격차 시정을 위해 유엔이 마련한 회의에서 설립한 유엔 보조 기관이다. 스위스 제네바에 사무국이 있고 4년에 한 번 개최되며 현재 194개 회원국이 있다.

1961년 5월 16일 육군 소장 박정희를 중심으로 모인 육군사관학교 출신 군인들이 군사 쿠데타를 일으켰다. 이들은 '혁명 공약'을 발표하고 비상계엄령을 선포했다.

이 군사 쿠데타로 집권해 "잘살아 보자!"를 외쳤습니다. 여성들의 머리카락을 잘라서 수출하고 독일에 광부와 간호사를 보내고 베트남 전쟁에 군인들을 파병해 외화를 벌어들여 산업화에 매진했습니다. 이러한 저력은 우리 국민의 근면성과 함께 뜨거운 교육열 덕분이었습니다. 농어촌의 부모가 자식들의 대학 입학금을 마련하기 위해 농촌의 필수 노동력인 황소를 팔았습니다. 누나가 무작정 상경해 구로공단에서 밤낮없이 일해 동생의 등록금을 마련했습니다.

이러한 산업화 과정에서 국민의 인권을 유린하는 일도 적지 않았습니다. 군사 쿠테타로 집권했다는 사실만으로도 권력의 정통성을 인정할 수 없으니까요. 야당 정치인들과 재야 지식인들뿐만 아니라 대학생들까지 군부 독재 타도를 위해 거리로 나섰습니다. 1960년대에서 1980년대 초까지 대학은 '학문의 요람'이기 전에 '정의의 요람'이었습니다. 그 과정에서 얼마나 많은 청춘들이 민주화의 재물이 됐습니까? 얼마나 많은 지성인들이 옥고를 치르면서 생사의 갈림길에서 방황했습니까? 그 당시에 민주화 투쟁은 국가 발전을 저해하는 암적 존재처럼 매도당했습니다. 그러나 결과론적으로는 산업화의 기반을 구축하면서도 자유민주 사회의 기초를 튼튼하게 다진 원동력이었습니다.

1980년대까지만 해도 해외에 출장 한번 가는 것은 가문의 영광이었습니다. 대학 때 해외로 유학 가는 친구들은 나와는 전혀 관계없는 별개의 세상에 사는 사람들처럼 여겨졌습니다. 은사가 "나중에 유학 갈 기회가 있을 수 있으니까 학점 관리를 잘하라."라고 하는 충고조차도 잔소리로 들렸습니다. 그러나 서울올림픽의 성공적인 개최와 함께 우리나라의 대외 관계가 사회주의 진영으로 확대되면서 비행기를 탈 기회가 많아졌습니다.

지금도 잊을 수 없는 것은 1989년 7월 영국으로 유학 갈 때 집안 형제들이 김포공항으로 나와 전송하던 추억입니다. 유학 자체가 벼슬한 것이나 마찬가지였지요. 그런데 2000년대로 접어들면서 해외로 여행 가는 것이 유행처럼 번졌습니다. 대학생들조차도 아르바이트를 해서 배낭여행을 떠나는 것이 일상화됐습니다. 이제 우리 국민은 한반도에 갇혀 있는 '독방 국민'이 아니라 세계 무대를 활보하는 '개방 국민'으로 탈바꿈했습니다. 이처럼 우리나라의 산업화와 민주화와 세계화는 순차적으로 이루어진 것이 아니라 동시다발적으로 진행된 과정입니다.

그런데 언제부턴가 우리 사회에 젊은 세대의 자조가 섞인 '헬조선'이라는 말이 쓰이고 있습니다. 심지어 자살하는 젊은이들도 적지 않습니다. 스스로 목숨을 끊을 정도라면 얼마나 괴로운 삶이었겠습니까? 이해하려고 하지만 치열하게 생존 투쟁을 거쳐 온 기성세대로서는 납득하기가 쉽지 않습니다. 중학교 때부터 입학 시험을 치러야 했던 베이비 붐 세대에게 경쟁은 일상이었습니다. 그러나 '하나만 낳아서 잘 기르자'라는 산아제한 정책의 수혜자인 2030세대는 전혀 다른 입장입니다. 절대적으로 풍요로운 삶을 살고 있지만, 상대적 빈곤감은 갈수록 커졌습니다.

1990년대 소련 말기와 신생 러시아의 혼란기에 러시아 유학 생활 때의 경험입니다. 상점 점원이 종일 손톱 소제나 할 정도로 가게의 생필품이 절대적으로 부족했습니다. 그러나 지인들이 모이면 보드카 한 병에 흑빵 한 조각을 나눠 먹으면서도 기타 치며 즐거운 시간을 보냈습니다. 모두 못살기 때문에 상대적 빈곤감을 못 느꼈습니다. 그러나 시장경제 체제로 바뀌면서 하루아침에 벼락부자가 생기고 대다수 국민이 상대적으로 가난해졌습니다. 소련 시절보다 물질적으로 풍족했지만, 정신적으로는 빈곤해졌습니다. 빈곤 의식과 그로 인한 열등 의식이 팽배해지면서 사회 범죄도 늘어났습니다.

성장 제일주의와 끝없는 경쟁이 낳은 어두운 그늘입니다. 소위 자유시장경제하에서 강자는 더욱 강해지고 약자는 결국 도태되고 맙니다. 이러한 현상을 마이클 샌델 교수도 강도 높게 비판했습니다. 노골적으로 표현하면 약육강식의 동물 세계나 다름없습니다. 고도로 발전한 자본주의 사회의 민낯입니다. 모두가 잘살자는 평등을 지향하던 사회주의는 모두가 함께 가난해지는 절대 빈곤으로 내몰았습니다. 물론 사회주의적 평등 의식을 수혈하면서 성장과 분배를 적절히 배합한 나라도 적지 않습니다. 복지 천국으로 꼽히는 북유럽 국가들이 대표적입니다.

우리나라는 어떻습니까? 보수와 진보 정권이 교차하면서 성장과 복지를 균형적으로 유지하려는 노력은 있습니다만, 사회의 지배적 분위기는 어떻게든 많은 부를 창출하는 것입니다. 뭐니뭐니 해도 머니MONEY가 최고라는 것은 모두가 인정하는 진리입니다. 돈의 위력 앞에 모두가 머리를 조아립니다. 부모 세대는 돈이 없어도 열심히 공부해서 명문 학교에 진학하고 좋은 직장을 갖게 되면 돈도 자동적으로 따라왔습니다. 그러나 요즘 세대는 돈 없으면 공부도 못하고, 명문 학교도 못 가고, 명문 직장도 못 얻는 악순환 속에 있습니다. 재력도, 학력도, 능력도 대물림되는 시대가 됐습니다. 부모로부터 물려받지 못한 자녀들은 자포자기합니다. 청소년의 자살률이 가장 높은 나라가 대한민국입니다.

과거처럼 혼자 힘으로 공부 잘해서 출세하는 시대는 지났습니다. 그렇지만 젊은 세대에게 희망이 보이는 것은 내가 좋아하는 것을 열심히 하면 그 분야에서 최고의 전문가가 될 수 있기 때문입니다. 세계적인 명성을 얻은 BTS는 엄밀하게 말하면 어린 시절부터 부모의 도움으로 재능을 키운 것은 아닙니다. 그야말로 한국 사회의 비주류 청소년들이 모여서 주류 사회를 뒤흔드는 성공 신화를 썼습니다. 2030세대의 또 다른 성공 신화는 2024년 파리올림픽에서 드러났습니다. 공부 못하면 인생 낙오자인 것으로 착각하던 부모 세대와는 완전히 다릅니다. 어린 시절부터 과외에 찌든 신세대들은 자신의 재능을 제대로 발휘할 수 없습니다. 피동적인 교육으로는 도약하는 데 한계가 있습니다. 그러나 '내 인생은 내가 만든다.' 하고 자기만의 미래를 꿈꾸고 도전하는 사람은 무한대의 능력을 발휘할 수 있습니다. 그들이 있기에 대한민국은 희망이 있습니다. 우리는 수천 년 전부터 그러한 잠재력을 갖춘 민족이었습니다. 그것이 바로 단군조선의 건국 이념인 홍익인간입니다.

건국 이념인
홍익인간

서울올림픽은 대한민국의 잠재력과 미래의 성장 동력을 보여 준 역사적 사건이었습니다. 무엇보다도 전 세계 인류에게 유익을 선사한 축제였습니다. 군부 독재의 오명에서 벗어나고 개발도상국에서 탈피했다는 안도감을 넘어서 전 세계인을 하나로 통합하는 화합의 아이콘이었습니다. 아시다시피 1980년 모스크바올림픽과 1984년 로스앤젤레스올림픽은 미소 양대 진영의 이념 대결로 반쪽 올림픽이 되고 말았습니다. 1988년 서울올림픽도 반쪽이 될까 노심초사했습니다. 왜냐하면 한국은 미국의 동맹국으로서 냉전의 한 축에 몸담고 있었으니까요. 하지만 서울올림픽은 역사상 최고, 최대 행사로 기록됐습니다. 어느 외국 언론은 "독일인의 정확성과 미국인의 기업가 정신과 일본인의 친절이 합쳐진 행사였다."라고 극찬했습니다.

서울올림픽의 백미는 주제곡인 〈손에 손잡고〉였습니다. 동양인이 부른 노래가 세계 정상에 오른 것은 처음이고 역대 올림픽 주제

1989년 베를린 장벽이 무너진 직후의 황폐한 모습

가 중에서 최고의 히트곡이었습니다. 1989년 중국 톈안먼 사건 때 시위대 사이에서 이 노래가 유행했고, 베를린 장벽이 무너지기 전까지 동독에서는 '벽을 넘어서'라는 가사 때문에 금지곡으로 묶였습니다. "우리 사는 세상 더욱 살기 좋도록, 서로서로 사랑하는 한 마음 되자"라는 짤막한 노랫말 속에는 대한민국의 건국이념인 홍

톈안먼 사건Tiananmen Square Incident
1989년 6월 4일 중국 베이징 톈안먼 광장에서 일어난 대규모 민주화 운동과 이를 무력으로 진압한 사건. 학생과 시민들이 민주화와 정치 개혁을 요구하며 시위를 벌이자 정부는 군대를 투입해 강압적으로 진압하는 과정에서 수많은 사상자가 발생했다.

베를린 장벽Berlin Wall
1961년부터 1989년까지 동베를린 서쪽 경계선에 존재했던 장벽으로 독일 분단을 상징하는 구조물. 1989년 장벽이 무너짐으로써 독일 통일과 냉전 종식의 중요한 계기가 되었다.

익인간 사상이 고스란히 담겨 있습니다. 한반도 분단의 장벽을 넘어, 전 세계 이념의 벽을 넘어 인류 전체가 함께 잘살고 한마음으로 화합하자는 것입니다. 결과적으로 서울올림픽은 12년 만에 미국과 소련의 냉전 체제를 극복하고 전 인류 화합의 체전이 됐습니다. 사회주의 종주국인 소련 및 중공(당시 표기)뿐만 아니라 동구의 사회주의 국가들과 수교했습니다.

단군신화에는 우리 민족의 가치 의식이 그대로 반영돼 있습니다. '널리 인간을 이롭게 한다'는 '홍익인간' 사상입니다. 하늘의 신인 환웅도 인간 세계로 내려와 살기를 희망하고 땅의 곰과 호랑이도 인간이 되기를 원합니다. 다른 나라의 신화들과는 달리, 신들 사이의 대립이나 신과 인간 사이의 갈등이 보이지 않습니다. 곰과 호랑이도 같은 굴속에 살면서도 싸우지 않았습니다. 환웅이 웅녀와 혼인해 낳는 단군은 하늘과 인간이 하나가 된 존재입니다. 이처럼 홍익인간의 이념에는 화합과 평화를 중시하는 세계관이 담겨 있습니다.

흥미로운 것은 홍익인간 정신을 "동해바다 건너 야마토땅"에서 새로운 삶을 개척한 재일교포들이 구현하고 있다는 놀라운 사실입니다. 2024년 8월 일본의 고교야구 대회에서 처음으로 우승한 한국계 교토국제고의 체육관에는 '홍익인간'이라는 액자가 걸려 있습니다. 북한에서도 단군릉을 국보 제174호로 지정하고 문화 유적으로 보존하고 있습니다. 주체사상으로 날조된 김씨 일가의 역사인데도 1994년 10월에 평양 근교의 강동군 대박산 기슭에서 단군릉의 준공식이 있었습니다. 북한도 단군이 우리 민족의 시조임을 인정했습니다. 따라서 단군과 단군의 홍익인간 사상이 남북의 벽을 허물 공통의 가치임은 재론의 여지가 없습니다.

단군의 홍익인간 사상은 세종대왕의 훈민정음 창제로 승화됩니다. 소수의 양반만 사용하는 어려운 한자가 아니라 모든 백성이 쉽고 편하게 쓸 수 있는 '나랏말씀(한글)'을 만들었습니다. 사대주의 사상에 매몰돼 있던 그 당시의 분위기에 비추어 문화 혁명이나 다름없었습니다. 과거에는 중국이 한자어로 동양을 지배했고 오늘날에는 미국이 영어로 세계를 지배하고 있습니다. 한자어는 쓰기도 어렵고 말하기도 어렵습니다. 영어 계통의 유럽 언어들은 서로 비슷비슷하고 중복된 단어가 적지 않습니다. 그러나 한글은 인접 국가인 중국어나 일본어와도 전혀 다릅니다. 아마도 한자 문화권에 익숙한 집현전 학자들조차 이게 문자냐 하며 내심 비아냥거렸을지도 모릅니다. 한글 창제 후 600여 년이 지난 지금, 영국 옥스퍼드대학교는 언어 체계의 과학성과 독창성과 합리성이란 면에서 한글을 세계에서 가장 우수한 문자로 평가했습니다. 유엔교육과학문화기구UNESCO는 배우기 쉽고 쓰기 편리해서 세계 문맹 퇴치 사업에 가장 적합한 글자로 한글을 꼽았습니다.[25] 심지어 인도네시아의 찌아찌아족은 자신들의 부족어를 보존하기 위한 문자로 한글을 택했습니다. 한글은 구조가 간단하면서도 음소를 정확히 표현할 수 있어

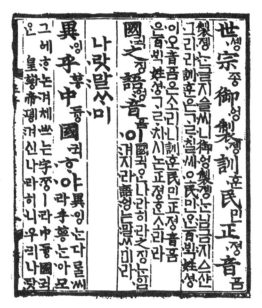

1459년(세조 5년)에 간행된
《훈민정음언해(訓民正音諺解)》

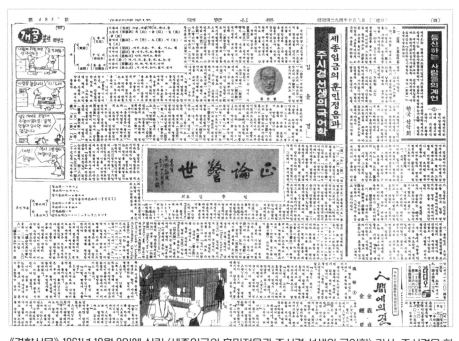

《경향신문》 1961년 10월 9일에 실린 〈세종임금의 훈민정음과 주시경 선생의 국어학〉 기사. 주시경은 한글 연구와 보급에 헌신한 대표적인 국어학자다. '국문(國文)'이라는 단어 대신 '한글'이라는 이름을 처음으로 사용했으며 문법과 맞춤법 연구의 기틀을 마련했다.

찌아찌아어를 표기하기에 적합하답니다. 이에 우리나라의 세종학회와 협력해 찌아찌아족 마을에서 한글 교육이 시작됐습니다.

우리 민족은 일제의 한글 말살 정책에도 굴하지 않고 의연하게 한글을 지켰습니다. 일제강점기 한글 말살 정책에는 우리말을 쓸 때마다 상대방 카드를 빼앗는 '한글 말살 놀이 카드'도 있었습니다. 이러한 일제의 탄압에서도 우리말을 지킨 분이 있습니다. 1930년대 현대 문학의 대표작가 김유정 선생입니다. 그의 소설 31편 속에 등장하는 8299개 표제어 중 토박이말이 6895개입니다. 전체 표제어의 83퍼센트입니다. 그는 어려서 한학을 공부하고 학교에서 일본어 교육도 받았지만 그의 소설에는 한자어가 거의 없습니다. 2024년 여름에 일본 고교야구 대회에서 우승한 한국계 교토국제고는 개교 이래 지금까지 한국어 교가를 불렀습니다. 한국 교포가 30퍼센트, 일본 학생이 70퍼센트인 학교입니다. 일본 사회에서 얼마나 많은 질시와 냉대를 받았을지 짐작됩니다. 그렇게 지킨 우리말을 더욱 영예롭게 하는 것은 후손들의 몫입니다.

이제 한글은 선진국 언어로 자리매김해야 합니다. 안타깝게도 우리는 과거에는 한글보다 한자를 쓰는 경우가 많았고, 이젠 영어를 모국어처럼 사용하는 분위기입니다. 대도시 번화가의 간판은 한글 반 영어 반입니다. 국민을 대표하는 국회는 찬반 투표에서 한글이나 한자로 가可·부否를 표기해야 합니다. 심지어 한자를 잘못 써 무효 처리된 사례도 있습니다. 우리나라의 법조문은 보통 사람들이 쉽게 이해할 수 없는 한자어 조합입니다. 법 전문가의 도움 없이는 그 의미를 쉽게 파악할 수 없습니다. 그래서 고액의 수임료를 부담하면서 변호사를 선임해야 합니다. 의학 용어도 마찬가지입니다. 의사가 진료 결과를 영어로 쓰니 일반 환자들은 그 의미를 이해할 수 없습니다. 환자 입장에서는 감히 따질 수도 없습니다. 법률시장과 의료시장은 소수 전문가의 배타적 성역입니다. 마치 한자 문화권에서 선비들이 문자 해독으로 양반 특권을 누리던 것과 다름없습니다. 모든 국민이 쉽게 이해할 수 있도록 우리말로 풀어쓸 수는 없을까요? 최소한 법률이나 의학 용어를 쉽게 설명하는 해설집이라도 만들 수 없을까요?

한글의 대중화와 세계화는 선진국의 위상에 걸맞은 시대적 소명입니다. 미국이나 영국이 세계를 재패한 원동력은 바로 영어입니다. 러시아나 프랑스, 스페인도 유사한 역사를 갖고 있습니다. BTS의 전 세계 아미들이 자발적으로 한국어를 배우는 데 열공하는 것을 보면서 지금이 절호의 기회라고 생각합니다. 한글만큼 쉽게 배울 수 있는 외국어도 없습니다. 우리 정부는 수십 년간 전 세계 주요 국가에 문화원을 설립하고 한글 보급에 앞장섰습니다. 그동안 얼마나 많은 국가 예산을 쏟아부었습니까? 러시아의 한국학 교수로부터 전해 들은 소식은 현재 러시아에서 한국어를 공부하는 대학생이 2000여 명입니다. 한국에서는 러시아-우크라이나 전쟁이 발발한 이후 러시아어 전공생들이 취업할 수 없어 대학에서 러시아어 학과를 없애는 분위기인데 러시아에서는 정반대 현상을 보이고 있습니다. "취업이 안 되면 어떠냐?" 하고 묻자, "러시아 학생들은 그저 한글이 매력적이고 K-컬처가 좋아서 취업에 신경 쓰지 않고 공부한다."라는 답변이 돌아왔습니다. 부끄러웠습니다. 영어를 위대하게 만든 영국의 셰익스피어와 러시아어를 위대하게 만든 러시아의 푸시킨처럼, 노벨문학상 수상자인 한강 작가도 한글을 위대하게 만드는 영웅이 될 것으로 믿습니다.

우리나라는 널리 인간을 이롭게 하는 홍익인간 정신으로 한반도에서 무력 갈등의 가능성을 미연에 방지하고 최대한 평화 지향적인 균형 외교에 나서야 합니다. '균형'이란 한미일과 북중러의 대결 구도를 넘어서 화해와 협력을 통해 평화적으로 미래 지향적 관계를 건설하고 발전시켜야 함을 의미합니다. 무엇보다도 남북한 사이의 인적 교류와 경제 협력을 재개해야 합니다. 우리는 모두 단군의 후예입니다.

안중근의
동양평화론

러시아–우크라이나 전쟁은 세계소전을 넘어 세계대전으로 확전하는 분위기였습니다. 그렇지만 이제 끝이 보입니다. 이스라엘–하마스 전쟁 역시 중동 전역의 전쟁으로 비화할 조짐을 보였으나 2025년 1월 양측이 휴전에 합의했습니다. 하지만 휴전 발효 2개월 만에 이스라엘이 가자지구에 대규모 공습을 감행하면서 전쟁의 먹구름이 다시 드리웠습니다. 싸움은 말리고 홍정은 붙이라고 했는데, 안타깝게도 우리 정부는 우크라이나 싸움판에 발을 들이려다 운신의 폭을 좁히는 우를 범했습니다.

불과 2~3년 사이에 서세동점, 북세남점, 그리고 동세서점의 쓰나미가 한꺼번에 한반도로 몰려옵니다. NATO가 동진해 미국의 인도·태평양 전략과 교접하고 중국의 일대일로와 격돌합니다. 중국과 러시아가 북태평양에서 합동 군사 훈련을 정례화하고 있습니다. 이시바 총리는 2024년 9월 '아시아판 나토' 창설을 주장했습니다. 일본의 재무장화도 러일 간 쿠릴열도 반환 문제 등과 맞물려 점점 구체화하는 분위기입니다.

한반도에서는 한미일과 북중러가 블록으로 대결하고 남북한이 강대강으로 대치하고 있습니다. 김정은 위원장은 대한민국을 '적 대국'으로 간주하고 경의선과 동해선 남북 연결 도로를 폭파해 버렸습니다. 북한군의 우크라이나 전선 파병 등 러북 간 초밀착 관계가 구축되고, 한러 및 남북 관계는 최악입니다. 불과 몇 년 전까지만 해도 우리나라는 북러 간 협력을 반겼습니다. 격세지감을 느끼지 않을 수 없습니다. 군사분계선 이북이 부산하면 이남은 불안합니다. 남북한과 전 세계는 분열하고, 분열은 인류 모두에게 재앙일 뿐입니다. 그런데도 인류는 스스로 자초한 재앙 앞에 속수무책입니다. 세계 평화의 상징인 유엔도 한없이 무기력하기만 합니다. 신냉전이 열전으로 번지는 것은 시간 문제입니다. 한미동맹은 좋습니다. 그러나 한일동맹과 한미일동맹은 위험합니다. 최근 한일정상회담을 통해 일본의 속내를 알 수 있었습니다. 일본의 재무장화는 21세기 대동아경영권의 부활을 의미합니다.

1909년 10월 26일 영웅 안중근의 거사는 한 치의 오차도 없었습니다. 9시 20분! 하얼빈역은 두 사나이, 두 나라, 두 세계의 역사적 교차점이었습니다. 총알 세 발은 많지 않았지만 적지도 않았습니다. 총은 정직했습니다. 가늠쇠 너머로 비틀거리며 쓰러지는 작고

이시바 시게루 石破 茂 총리

2024년부터 제102·103대 일본 내각총리대신이자 제28대 자유민주당 총재로 활동 중인 정치인. 1986년부터 자유민주당 소속의 중의원 의원(12선)으로 활동하고 있으며, 2007년부터 2008년까지 방위대신, 2008년부터 2009년까지 농림수산대신, 2012년부터 2014년까지 자유민주당 간사장을 역임했다.

괴죄죄한 늙은이가 보였습니다. 이토 히로부미의 목숨과 그의 위장 평화는 총성과 함께 허공으로 사라졌습니다. 곧이어 영웅의 만세삼창이 울려 퍼졌습니다. "카레아 우라!(대한민국 만세!)" 영웅이 이토를 처단한 15개 이유 중에 가장 큰 죄가 바로 동양평화를 파괴하는 죄였습니다. 조선통감 이토가 "조선의 독립을 보장하고 동양의 평화를 실현하려면 조선인들이 기뻐서 스스로 순종해야 한다."라고 강변했기 때문입니다.

'하얼빈의 영웅' 안중근 의사는 일제 검사의 심문에 "나의 목적은 동양평화다."라고 맞섰습니다. 관동도독부 고등법원장에게 동양평화를 위한 구체적인 방안을 제시했습니다. 3국평화회의를 개최하고 공동 화폐를 발행하며 평화군을 양성하자는 것이었습니다. 영웅은《동양평화론》집필을 완성할 때까지 사형을 늦춰 줄 것을 요청했으나 묵살당했습니다. 그는 5편 중에 서언·전감을 완성하고, 현상·복선·문답을 후세인들의 과제로 남겨야 했습니다.

안중근 의사는 1910년 3월 26일 아침에 어머니 조마리아가 손수 지어 보낸 명주 수의를 입고 사형장으로 향했습니다. "비겁하게 삶을 구하지 말고 떳떳하게 죽는 것이 어미에 대한 효도다." 어머니의 피눈물 나는 절규가 귓전을 때렸습니다. 영웅이 순국한 전날은 순종의 생일이었고 그다음 날은 부활절이었습니다. 생과 사와 부활은 하나였습니다. 1909년 3월 러시아 연해주 크라스키노에서 동지 11명과 단지동맹斷指同盟을 결행할 때, 예견된 운명이었습니다.

안중근을 포함한 12명의 동지는 각자의 왼손 무명지 첫 관절을 잘라 피로 태극기에 '大韓獨立(대한독립)'
이라고 쓰고 국권 회복을 위해 헌신할 것을 맹세했다.

영웅은 사형대 위에서 '동양평화 만세!'를 세 번 부르기를 원했습니다. 일제 형무소 소장은 거절했습니다. 영웅은 독립하면 뼈를 조국으로 옮겨 달라고 유언했습니다. 그러나 일본은 115년이 된 지금도 영웅의 유언을 묵살하고 있습니다. 기록과 보존에 능한 일본인들이 모를 리 없습니다. 일본은 지금이라도 영웅의 유해 소재를 밝히고 옷가지와 권총, 서류 등 유품을 돌려주는 것이 진정한 화해를 위한 선결 조건입니다. 에드워드 슐츠 하버드대학교 역사학 교수는 "일본은 한국에 과거의 잘못을 사죄해야 한다."라고 주장했습니다. 한일 간 화해와 협력, 더 나아가 동양평화는 일본의 진심 어린 사죄 없이 기대할 수 없습니다.

우리 정부는 한국이 중심이 되는 글로벌 중추국가론을 천명했습니다. 이는 주어지는 것이 아니라 쟁취하는 것입니다. 115년 전처럼 일제의 위장 동양평화론에 춤출 수 없습니다. 과거에 머물러선 안 되지만 과거를 잊어서도 안 됩니다. 21세기 대한민국은 일제 무장병들이 궁궐에 난입해 국모를 살해하던 그 시절의 그 나라가 아닙니다. 전 세계 유례없이 최단기간에 산업화·민주화·세계화의 신화를 이룩한 선진국입니다. 물론 해륙국, 분단국, 통상국의 멍에는 지고 살아야 합니다. 우리의 머리 위에서 북극·북태평양 시대가 펼쳐지는 가운데 핵 보유 3국인 북중러가 밀착하고 있습니다. 한미일 연대의 반작용입니다. 주변 4강의 갈등이 고조하면 한반도가 불안해지는 것은 삼척동자도 아는 사실입니다. 명실상부한 선진국으로서 갈등 유발의 중심국이 아니라 갈등 해소의 중추국이어야 합니다.

지속 가능한 글로벌 중추국가론의 실현 방안으로서 '북중러 접경 두만강 하구 국제평화경제 지대화'를 검토할 수 있습니다. 역사적으로 한반도 북부 두만강 하구는 청일전쟁, 러일전쟁, 제2차 세계대전, 한국전쟁 등 갈등의 현장이었습니다. 그러면서도 국제 사회가 공동으로 개발해야 할 천혜의 자연 경제 지대로 주목받고 있습니다. 유엔이 1991년에 두만강개발계획을 추진한 배경입니다. 그의미는 과소평가할 수 없습니다.

첫째, 남북한이 광복 80여 년간 갈등과 화해를 반복하면서 양측간 합의·추진한 경제협력 프로젝트를 중단하는 등 민족 내부의 한계를 극복하고 영속성을 확보할 수 있는 제3지대의 협력 공간을 마련할 수 있습니다. 개성공단과 금강산 관광 사업마저 원점으로 돌아간 것은 시사하는 바가 적지 않습니다. 둘째, 중국과 러시아의 대북한 영향력을 순기능적으로 활용해 북한을 개혁·개방하고 국제 공동체 일원으로 편입해 평화통일의 환경을 조성합니다. 이 지역은 평양으로부터 원거리에 있어 외부 사조 유입에 의한 북한 체제 붕괴 우려를 불식할 수 있습니다. 반면 압록강 하구의 단동 지역은 평양에 더 가까워서 중국으로부터 외부 사조 차단이 쉽지 않다는 것입니다. 신압록강대교가 북측으로부터 1미터 구간을 남겨두고 완공 개통되지 않는 이유를 알아야 합니다. 셋째, 러시아-우크라이나 전쟁 및 대북·대러 제재가 지속되는 현실적 제약하에서 예외 조항으로 인정되는 관광 산업 활성화에 우선 주력하고, 점진적으로 한국형 4차 산업 배후단지 조성 및 역사·문화·생태산업 벨트를 구축합니다. 넷째, 항공 교통의 사각지대인 두만강 하구에 초국경 국제 공항을 건설함으로써 철도, 항만, 육상과 항공을 결합한 복합운송기능Tri-port을 구축합니다. 모범 사례로서 프랑스와 독일 간 역사적 갈등과 분쟁 지역을 평화와 번영의 메트로폴리탄으로 변모시킨 유럽의 바젤국제공항Basel Euro Airport을 벤치마킹합니다. 다섯째, 35여 년간 답보 상태에 있는 유엔의 광역두만강개발계획GTI을 활성화해 러시아-우크라이나 전쟁으로 저상된 유엔의 기능을 회복하고 북중러 대 한미일 신냉전의 갈등을 해소하는 완충지대로 삼습니다. 여섯째, 문재인 정부의 북방경제협력위원회에서 추진했다가 러시아-우크라이나 전쟁 때문에 보류된 '북중러 접경 국제관광클러스터 조성사업'(2022. 3. 1.)을 글로벌 중추국가론을 구현하는 입구 전략으로 삼고, 115년 전 안중근 의사와 동지 11명이 단지동맹을 맺은 이 하산 지역을 출구 삼아 21세기 팍스코리아나 시대를 펼쳐야 할 것입니다.

내다본다

'자녀들은 예언할 것이요, 청년들은 환상을 보고, 아비들은 꿈을 꾸리라.'(사도행전 2:17) 성경은 '어른들이 꿈을 꾼다'라고 말합니다. 꿈은 청소년의 전유물이 아니라는 의미로 해석됩니다. 오늘날 고령화 시대에 60~70대를 인생의 황금기로 꼽습니다. 직장에서 은퇴해 자유롭습니다. 자녀들은 성장해서 독립했습니다. 경제적으로도 여유가 있습니다. 육체적 건강만 허락한다면 지적 활동을 왕성하게 할 수 있습니다. 프랑스 철학자인 오르빌뢰르는 자신의 저서인 《당신이 살았던 날들》에서 '인간은 죽어도 죽지 않는다.'라고 설파했습니다. 사람은 죽음으로 삶을 몽땅 끝맺지 않고, 이야기로 남아서 우리 곁에 머물렀다가 아이들과 후손에게 길게 이어진다는 것입니다. 거룩한 이야기는 산 자들과 죽은 자들 사이에 통로를 연다는 것입니다. 청소년들은 꿈이 실현되지 않았다고 좌절해서는 안됩니다. 꿈은 노인이 되어서도 이룰 수 있고, 새롭게 꿀 수도 있으며, 죽어서도 꿈의 여정은 지속됩니다. 무엇보다도 꽃 한 송이 한 송이가 모여서 꽃밭을 이루듯이, 함께 꾸는 꿈은 인류 역사의 거대한 물결을 이룹니다.

미국 싱크탱크 유라시아그룹의 이언 브레머 회장은 "지G-제로 세계에서는 과거의 패권국에 의존하지 않고 다양한 동맹국을 확보할 수 있는 중심축 국가가 '승자'가 되고, 그렇지 못한 채 강대국의 그늘 아래서 옴짝달싹하지 못하는 그림자 국가는 '패자'가 된다."라고 경고했습니다. 미국 컬럼비아대학교 제프리 삭스 교수도 2024년 《헤럴드경제》 신년 기고문에서 "한국은 장기적 안보를 미국의 지배력에 의존해서는 안 된다. 장기적인 안보는 미국 패권이라는 낡고 잘못된 생각이 아니라 역내 협력에 달려 있다."라고 조언했습니다. 우크라이나처럼 강대국 사이에서 힘의 균형점 역할을 하는 중간국이 급격히 한편으로 이동하게 되면 다른 한편과는 적대적인 관계가 형성됩니다. 안보를 위한 선택이 오히려 극단적인 안보 불안을 가져올 수 있습니다. 안보는 평화의 필요조건이지만 충분조건이 될 수 없습니다. 안정적이고 지속 가능한 평화를 위해 군사적 억제와 외교적 지혜가 두 축을 이루어야 합니다. '논제로섬'의 지정학적 균형 외교, 명실상부한 자강 외교 및 국익 우선의 실용 외교를 지향해야 합니다.

우리처럼 제2차 세계대전 말 분단됐던 독일은 35년 전에 통일을 이루었습니다. 독일 통일의 기반을 닦은 인물은 서독의 빌리 브란트 수상으로 알려져 있습니다. 그러나 수상 뒤에는 '동방 정책'의 기틀을 잡은 에곤 바르라는 참모가 있었습니다. 에곤 바르는 '접촉을 통한 변화'를 주창하면서 "통일이라는 궁극적인 목표에 도달하려면 시간과 인내심이 필요하다."라고 역설했습니다. 브란트와 바르가 수상과 비서실장으로 만나 자신들의 평화 구상을 현실 정치로 전환하기까지는 6년의 세월이 더 필요했습니다. 특히 바르는 통일이 '한 번의 역사적 회합에서 역사적 결정으로 달성되는 일회적 사건이 아니라 많은 단계와 조치가 수반되는 과정'이라고 말했습니다. 물론 북한이 동독과 다른 점이 많고 한반도와 독일 분단이 지닌 역사적·정치적 맥락의 차이도 적지 않습니다. 그렇지만 대화와 협상은 그 자체가 자유주의적 삶의 방식이자 가치입니다. '악마와도 춤'을 추어야 하는 이유는 춤이 원래 악마의 것이 아니라는 사실 때문입니다.

2045년은 광복과 분단 100주년이 되는 해입니다. 남북한이 '하나 된 나라One Korea'를 꿈꿉니다. 구태여 통일이라는 거대 담론을 얘기하지 맙시다. 2030세대가 아이돌 응원봉을 들고서 북한 땅을

빌리 브란트 Willy Brandt
서독의 총리(1969~1974)로 재임하면서 독일 통일과 동서독 관계 개선을 위해 노력한 정치가. 동방 정책Ostpolitik을 추진하며 동유럽 공산주의 국가들과의 관계를 개선했고, 이를 통해 유럽 평화에 크게 기여했다. 1971년에 노벨 평화상을 받았다.

에곤 바르(Egon Bahr)
독일 정치인이자 외교관으로서 빌리 브란트의 동방 정책을 설계하고 추진한 막후 인물. 동서독 간 대화로 긴장을 완화하고 관계를 개선함으로써 독일 통일과 유럽의 안정에 크게 기여했다.

백두산 천지

지나 대륙열차로 광활한 시베리아 대륙을 거쳐 유럽으로 가고 북
극으로 갈 수 있기를 꿈꾸어 봅니다. 지구온난화로 명태와 사과가
길라잡이가 됐습니다. 어부와 농부가 뒤따르고 있습니다. 북방 나
라로 향하는 한민족의 대이동은 결코 멈출 수 없을 것입니다.

1   통계청이 발표한 〈아동·청소년 삶의 질 2022〉 지표보고서에 따르면, 2021년 아동·청소년 사망 원인 1위인 자살률은 10만 명당 2.7명으로 확인됐다. 12~14세 자살률은 2000년 1.1명에서 2009년 3.3명, 2021년 5.0명으로 증가했다. 만 15세 청소년의 삶의 만족도(67%)는 OECD 국가 중에 4번째 최하위권이다. 75.5퍼센트의 청소년은 사교육에 참여하고 있고 학교생활 만족도는 꼴찌다.

2   OECD가 발표한 〈2024년 한국 경제 보고서〉에서는 1960년대만 해도 전체 가구의 80퍼센트 이상이 3인 이상 가구였으나, 2015년에는 4인 이하 가구가 82.8퍼센트이고, 1인 가구가 26.2퍼센트다. 1960년대 출산율이 6명 이상이었으나, 2015년 1.2명, 2021년 0.81명, 2024년 0.7명으로 감소했다. 결혼율 역시 1960년대에는 9.2퍼센트였으나, 2015년에는 5.8퍼센트로 낮아졌다.

3   한반도미래연구원이 리서치업체 엠브레인과 함께 전국의 20~49세 남녀 2000명을 대상으로 결혼과 출산에 대해 심층 인식 조사한 결과(2024년 9월 1일 발표), 미혼 남녀(1164명)의 절반인 53.2퍼센트가 '결혼 의향이 있다'고 응답했고 '결혼 의향이 없다' 27.4퍼센트, '잘 모르겠다' 19.4퍼센트 순이었다. 결혼 의향이 없다는 응답자는 성별로 여성(34.6%)이 남성(21.5%)보다 높았다. 결혼을 기피하는 이유로 남성은 '경제적으로 불안해서'(20.1%), 여성은 '혼자 사는 것이 더 행복할 것 같아서'(17.6%)를 꼽았다. '출산 의향이 없다'는 응답은 전체의 42.6퍼센트에 달했으며 여성이 52.9퍼센트로 남성(33.1%)보다 많았다. 연령별 비출산 의향은 40대가 63.9퍼센트로 가장 높았고 30대와 20대가 각각 35.2퍼센트, 23.6퍼센트였다.

4   잡코리아가 '2023년 채용한 신입사원 중 입사한 지 1년 안에 퇴사한 직원이 있는가' 질문한 결과, 조사에 참여한 중소기업 중 87.5퍼센트가 '있다'고 답했다. 채용한 신입사원 중 조기 퇴사한 직원의 비율은 평균 17.1퍼센트로 집계됐다.

5   2019년 통계청의 조사에 따르면, 우리나라의 사회적 고립도는 OECD의 평균인 10퍼센트를 크게 웃돈 27.7퍼센트다. 〈2021 청년 고독사 보고서〉에 의하면, 2020년 고독사 발생 건수는 4196건으로 2013년에 비해 2.5배나 늘었다. 2023년 사회적 고립도의 전체 평균은 33.0퍼센트로 전년(34.1%)보다 1.1퍼센트포인트 낮아

졌다. 그러나 고령층일수록 높아진다. 19~29세(24.5%), 30~39세(27.5%), 40~49세(30.1%), 50~59세(35%), 60세 이상은 40.7퍼센트다.

6 서울대 보건대학원 유명순 교수 연구팀은 〈한국인의 울분과 사회·심리적 웰빙 관리방안을 위한 조사〉(95% 신뢰수준, 표본오차 ±3.1%P) 결과를 2024년 8월 27일 공개했다. 조사는 2024년 6월 12~14일간 만 18세 이상 전국 남녀 1024명을 대상으로 이뤄졌다.

7 2018년 1월 9일 SBS 여론조사에서 응답자 72.9퍼센트가 남북 단일팀 구성에 대해 '무리할 필요가 없다'고 답했다. 특히 문재인 대통령의 핵심 지지층으로 분류되는 20~30대가 가장 크게 반발했다. 19~29세 응답자 중 82.2퍼센트, 30~39세 응답자 중 82.6퍼센트가 반대의 뜻을 나타냈다. 1개월 뒤인 2018년 2월 4주 한국갤럽 여론조사 결과, 20대의 경우 이전 조사에서 '잘된 일' 28퍼센트, '잘못된 일' 62퍼센트라고 답변했지만, 단일팀 구성에 대해 51퍼센트가 '잘된 일', 34퍼센트가 '잘못된 일'이라고 답했다. 찬성 여론이 23퍼센트포인트 증가한 것이다.

8 '곰 창날 받듯 하다'라는 속담이 있다. 곰은 어떤 물체가 자기 앞으로 다가오면 가슴 쪽으로 당기는 속성이 있다. 그래서 창을 가만히 곰의 가슴 쪽으로 내밀면 스스로 잡아당겨 자해한다. 그런 방법으로 곰을 사냥한다.

9 북한조선중앙통신은 2023년 10월 14~15일간 중국 신화통신이 발표한 〈미국의 군사적 패권의 근원 및 현 실태와 그 해독성〉이란 제목의 보고서를 번역해 게재했다. "제2차 세계대전이 끝난 1945년부터 2001년까지 세계의 153개 지역에서 248차례의 무장 충돌이 발생하였는데 그중 미국이 일으킨 것은 201차례(약 81%)이다.", "현재 미국은 적어도 전 세계 80개국에 약 750개 군사기지를 두고 있으며 유엔 190여 개국 중에서 175개국과 지역에 미군이 주둔하고 있다.", "2001년 이후 미국은 전 세계 80여 개국에서 반테러의 미명하에 전쟁을 일으키거나 군사 행동을 전개함으로써 38만 7000명의 민간인을 포함한 약 92만 9000명의 사망자를 초래했고 약 3800만 명이 유랑자나 피난민이 되게 했다."라는 내용을 담았다.

10 미국, 인도, 호주, 일본의 쿼드(QUAD)는 정기적인 안보정상회담으로 인도·태평양 전략에서 가장 주체적으로 활약하고 있는 협력체다. 미국, 영국, 호주의 오커스(AUKUS)는 인도·태평양 지역의 평화와 안정을 유지하기 위한 군사기술동맹이고, 인도·태평양 연안 국가들이 가입한 인도태평양경제프레임워크(IPEF)와 칩4 동맹(CHIP4)은 공급망 협정이다.

11 푸타틴 제독의 비서관이었던 러시아의 저명한 작가 이반 곤차로프가 여행기 《전함 팔라다》(1858)에서 생생하게 묘사했다.

12   서울대학교 통일평화연구원이 2007년 이후 매년 시행하고 있는 〈통일의식조사〉 2024년 결과에 따르면, "남북한 통일이 얼마나 필요하다고 생각하십니까?"라는 질문에 '필요하지 않다'는 응답이 35.0%로 2007년 조사 이래 가장 높은 수준으로 상승했다.

13   유엔군사령부(유엔사)는 1950년 한국전쟁 발발을 계기로 유엔 안전보장이사회 결의에 따라 설치된 미국 주도의 다국적군 사령부로서 전쟁 당시엔 우리 국군을 비롯한 유엔군에 대한 작전통제권을 행사했고, 1953년 정전협정 체결 땐 북한·중국과 함께 당사자로서 서명했다. 유엔사는 1978년 창설된 한미연합사령부에 우리 군에 대한 작전통제권을 이양한 뒤 지금은 정전협정 이행에 관한 임무만 담당하고 있다. 주한유엔군사령관은 한미연합사령관과 함께 주한미군사령관이 겸직한다.

14   브릭스는 2024년 10월 카잔회의를 계기로 13개 파트너국(partner countries) 자격을 부여하며 외연 확장 움직임을 강화하고 있다. 13개 파트너국은 튀르키예, 벨라루스, 카자흐스탄, 우즈베키스탄, 알제리, 나이지리아, 우간다, 볼리비아, 쿠바, 인도네시아, 말레이시아, 태국, 베트남 등이다. 2025년 1월 6일 인도네시아가 파트너 국가에서 정회원으로 승격했다.

15   2024년 상반기 국적 항공사들이 겪은 난기류는 1만 4820건이다. 지난해 1년 동안 발생한 난기류(2만 575건)의 72퍼센트에 달하고, 2019년에 비해 두 배로 늘어났다.

16   해양수산부에 따르면 오징어 어획량은 2000년대에는 연평균 20만 톤 수준이었지만, 2023년에는 역대 최저인 2만 3000톤까지 내려앉았다. 한국해양수산개발원에 따르면 2024년 9월 연근해 오징어 생산량은 2556톤으로 1년 전보다 21.9퍼센트 줄며 지속적으로 감소 흐름을 이어갔다. 어획량이 줄면서 가격은 가파르게 오르고 있다. 한국농수산식품유통공사(aT)에 따르면 2024년 10월 1일 기준 물오징어 1킬로그램의 중도매인 판매가격은 1만 3700원으로 1년 전(1만 2028원)보다 13.9퍼센트 올랐다. 평년(2019~2023)과 비교하면 36.0퍼센트 뛰었다.

17   농림축산식품부·통계청 노지과실 재배 현황 데이터를 분석한 결과, 3대 온대 과일(사과·배·포도) 재배면적은 1993년 8만 297헥타르에서 지난해 5만 4555헥타르로 32.1퍼센트 급감했다.

18   유럽우주기구(ESA)가 미국항공우주국(NASA)과 공동으로 연구해 2021년 발표한 〈북극 영구동토층 파괴로 인한 생화학적 위험〉 보고서 내용이다.

19   전 지구적인 유랑민의 수와 관련된 보고서 내용을 보면 2060년 12억 명, 2100년

에는 20억 명에 달할 것으로 전망하고 있다. 2100년에 지구 전체의 인구가 100억 명 정도에 도달할 것으로 예측되는 것을 고려한다면, 5명 중 1명이 기후 유랑민이 되는 셈이다.

20 러시아 토양빙설학연구소의 스타스 말라빈 연구원은 2021년 6월 7일 국제 학술지 《커런트 바이올로지》에 "시베리아 영구동토층에서 2만 4000년 전의 윤충(輪蟲)을 발견해 소생시켰다."라고 밝혔다.

21 https://overclockers.ru/blog/Global_Chronicles/show/185397/ Atomnyj-360-metrovyj-podvodnyj-gazovoz-Piligrim-RF-na-poroge-novoj-ery-SPG-v-Arktike 러시아 말라키트 설계국은 360미터의 대형 LNG 유조선 '필그림(Pilgrim)' 건조 프로젝트를 추진 중이다. 필그림 프로젝트(Project Pilgrim)는 항해당 최대 18만 톤의 LNG를 운반할 수 있는 수중 유조선이다. 이 선박은 너비 70미터, 높이 12미터이며, 세 개의 RITM-200 원자로를 사용해 시간당 31킬로미터 이상에 해당하는 17노트의 수중 속도를 낼 수 있다.

22 연안국 중에서 러시아가 41척으로 쇄빙선을 가장 많이 보유하고 있으며 캐나다 20척, 미국 12척, 핀란드 11척, 스웨덴 7척, 중국 5척, 덴마크 4척, 노르웨이 1척, 독일 1척 수준이다. 캐나다는 북극해 섬들이 많아 쇄빙선 운영의 효율성이 크게 떨어지는 편이다.

23 중국 해관총서에 따르면 올해 1월부터 6월까지 북한은 중국으로부터 571만 3000달러어치의 쌀을 수입했다고 VOA가 보도했다. 이는 지난해 같은 기간 5339만 2000달러어치의 10분의 1 수준이다. 중국으로부터의 밀가루 수입액도 414만 5000달러어치로 지난해 같은 기간 1800만 9000달러어치의 4분의 1 수준으로 감소했다. 옥수수 수입액은 지난해 같은 기간 대비 1.3퍼센트 수준으로, 질소비료 수입액은 0.32퍼센트 수준으로 급감했다.

24 미국 글로벌파이어파워의 〈2024 군사력 평가〉에서 한국의 군사력은 병력, 무기 수, 경제력, 전시 동원력, 국방비 등 60개 항목에서 145개국 중에 5위를 차지했다.

25 https://www.spnews.co.kr/news/articleView.html?idxno=77044 영국 옥스퍼드대학교 언어학 대학이 1998년부터 2002년 말까지 조사한 바에 의하면, 전 세계 6000여 개의 언어 중에서 독자적인 문자를 가진 언어는 2900여 개 정도이지만, 그중에서 한글을 가장 단순하면서도 가장 훌륭한 문자로 인정했다.

지료
제공

국경 너머 블루오션
북방을 만나다

초판 1쇄 인쇄 | 2025년 4월 3일
초판 1쇄 발행 | 2025년 4월 19일

기획 하나누리 동북아연구원
지은이 박종수
책임편집 손성실
편집 조성우
디자인 권월화
펴낸곳 생각비행
등록일 2010년 3월 29일 | 등록번호 제2010-000092호
주소 서울시 마포구 월드컵북로 132, 402호
전화 02) 3141-0485
팩스 02) 3141-0486
이메일 ideas0419@hanmail.net
블로그 ideas0419.com

책값은 뒤표지에 있습니다.
잘못된 책은 바꾸어 드립니다.